Thale Lind

Das dirceische Martyrium Donatas und ihrer Gefährtinnen
Historische Erzählung eines Martyriums aus Rom während des 1. Jh. n. Chr.

Thale Lind

Das dirceische Martyrium Donatas und ihrer Gefährtinnen

Historische Erzählung eines Martyriums aus Rom während des 1. Jh. n. Chr.

Rediroma-Verlag

Bibliografische Information der Deutschen Nationalbibliothek:
Die Deutsche Nationalbibliothek verzeichnet diese Publikation in der Deutschen Nationalbibliografie; detaillierte bibliografische Daten sind im Internet über http://portal.dnb.de abrufbar.

ISBN 978-3-96103-898-5

Covergestaltung: Constanze Kramer,
www.coverboutique.de
Bildnachweise: ©Sondem, ©Ramon, ©proslgn, ©alberto, ©faestock, ©Andriy Petrenko – stock.adobe.com; ©Mari1Photo – depositphotos.com

www.rediroma-verlag.de
10,95 Euro (D)

Inhalt:

Historie

Die antike römische Zeit begann nach historischem Verständnis in dem Jahr *64* v. Chr. und ging bis weit in das dritte Jahrhundert n. Chr. Die *Stadt Rom*, der Schauplatz der Erzählung, hatte damals schon eine viel längere Geschichte, sie war einst, laut römischer Mythen, aus dem alten *Alba Longa* entstanden.

Die „*Römer*" waren kein Volk im ethnischen Sinne, sondern mehr ein Gemisch vielfältiger Ethnien. Ausgeprägt zur Zeitenwende waren die hellenistischen, heidnischen, orientalischen und jüdischen Lebensweisen und Glaubensströmungen, die die Menschen in dieser Stadt und im *Imperium Romanum* beeinflussten.

Ab dem Jahr 33 n. Chr. aber nahm während eines nur geringen Zeitabschnittes römischer Geschichte, gleich einer zunächst noch undeutlichen, dann aber immer deutlicher werdenden Silhouette, das C*hristliche* – gegenüber dem jüdischen, hellenistischen und römischen Glaubensverständnis – bei Donata und ihrer Gefährtinnen Gestalt an. Sie wirkten an der Entstehung der ersten urchristlichen Gemeinde Roms mit, bis sie im Jahr 65 n. Chr. für ihren Glauben das Martyrium erlitten.

Aus der Chronik jener Zeit und auf dem Hintergrund des Beginns der Zeitwende, wie es biblische Quellen berichten, im Jahr 33 n. Chr.

Gestalten mit historischem Hintergrund:

Tiberius, Kaiser von Rom 14–37 n. Chr. (Im Jahr 17 n. Chr. fand während seiner Kaiserschaft die erste Judenverfolgung statt).

Aus der Chronik der Zeit und auf dem Hintergrund des Beginns der Zeitenwende, wie es biblische Quellen berichten, durch die Ereignisse von Golgatha in Judäa im April des Jahres 33 n. Chr.

Josef Kajaphas, Hohepriester in Jerusalem.

Jonatan, angelehnt an den Hohepriester Jonathan in Rom.

Aquila Pudens Pudentius – Senator in Rom.

Seine Gemahlin **Priscilla Pudentius**.

Saulus, wirkte etwa 33./34 n. Chr in der Region zwischen Damaskus/Jerusalem; er ist der spätere Apostel **Paulus** (Paulus aus Tarsus in der römischen Provinz Kilikien (heutige Türkei).

Philippus, erster Missionsapostel in der Region zwischen Damaskus und Jerusalem.

Claudius, Kaiser von Rom in den Jahren 41–54.

Josef von Arimathäa, Mitglied des Sanhedrins (altjüdisches Gericht).

Maria Magdalena (Maria die Namenlose), lebte in Rom

im Jahr 42 n. Chr.

Aeneas der Trojaner – griechische Sagengestalt und Ahnherr der Elymer.

Orte, Ethnien, Schriften, Kulte

Ausonia – alte Bezeichnung für das südliche Italien; hier war der Ursprung der italienischen Sprache.

Aurunker – Ethnie/Stamm, Siedlungsgebiet im südöstlichen Ausiona.

Oskischer Stamm – Ethnie. Deren Siedlungsgebiet war das östliche Süditalien.

Oskische Sprache – war bis in das 1. Jh. n. Chr. in Rom geläufig

Tabula Bantia – erhaltene, doppelseitige Schrifttafel in oskischer und lateinischer Sprache.

Elymer – Ethnie/Stamm. Deren Siedlungsgebiet war der äußersten Nordwesten Siziliens.

Nach dem römischen Dichter Vergil und dem sechsten Buch des Aeneis-Mythos gründete Aeneas Sohn Iulus die „Mutterstadt" Roms „Alba Longa". Im gleichen Mythos, wird zuvor Aeneas durch ein Orakel von Karthago (Nordafrika) aus der Weg zur „alten Mutter", das bedeutete Italien gewiesen.

Magna Mater – im 1. Jh. in Rom verbreiteter Kult, ursprünglich aus der Isis-Sophia-Mysterienströmung Aegytens kommend.

Aquitanien – bezeichnete die Iberische Halbinsel und Südwestgallien (Normandie/Bretagne).

1. Teil: Begegnung der Gefährtinnen

1. Abschnitt

Von ihnen, Donata und ihren Gefährtinnen, weiß man nur dies: ihre Namen, ihre Grabstätte und ihr Gedenken. Aus ihrem Leben ist nichts bekannt, nur dass sie in der ersten Frühzeit des Christentums in Rom während des ersten Jahrhunderts lebten.

Erst später, ab dem 2./3. Jh. n. Chr., begann man aufzuzeichnen, was nicht zuvor in den Wirren, Verwüstungen, Bränden und Angriffen auf die Stadt während der ersten zwei Jahrhunderte verloren gegangen oder vernichtet worden war.

In jenen Zeiten war etwas anderes damit verbunden, Gefährtin zu sein. Es war nicht unbedingt die Zugehörigkeit zu den altrömischen Sippen, damals in Rom hießen sie *Gens*. Donata selbst gehörte zu einer von ihnen, und zwar zu einer der nicht unbedeutendsten der Stadt.

Gefährtinnen aber waren nur jene, die sich in existenziellen Notlagen befanden und sie gemeinsam bestanden. Gefährtin zu sein, war wie ein Titel, der von oben verliehen und ganz unabhängig von der Herkunft war.

Es gab namenlose Sklaven und jene, die sich ihrer bedienten, aber Gefährtin zu sein, hob jeden Unterschied auf. Gefährtinnen waren keine Leibeigenen.

Sie waren jene, die damals schon ihr Verhältnis zueinander anders verstanden, denn jeder Weg, gemeinsam oder alleine, konnte ihr letzter sein. Es waren schicksalsbejahende Verwebungen, die die Gefährtinnen verband, gleich Landschaften, die unabhängig von äußeren Wertungen sind.

Eins war ihnen allen gemein: Ihr Opfer hatte einfach und schlicht darin bestanden, dass sie tief gefallenen Menschen halfen, sich wieder aufzurichten, während sie selbst still und demütig ihren Weg zu Ende gingen und alles hatten verlieren müssen. Nie aber ihre Quelle, aus der sie die Stimme des Lichts hörten, das damals begann. Allem flüchtigen entzogen, ihnen aber nicht.

Ohne seine Worte – er war ihr Gefährte, hieß Jonatan – wüsste niemand von ihnen, von ihrem Leben und Wirken.

Seine Worte, seine geistig seelische Offenheit für das was sie anging, Andere und die Lehre die ihn selbst zutiefst betraf, bargen aber auch die Gefahr der Verwirrung und des Verlustes des eigenen Verstehens. Immer wenn er begann, von ihnen zu sprechen, begann er mit diesem Ereignis.

2. Abschnitt

Das auf dem Messingring mit acht hölzernen Speichen versehene, schwere, fast einen Meter durchmessende, runde Schiffssteuerrad hatte er links und rechts so fest mit seinen Fäusten umschlossen, als wollte er das tiefbraune, harte Holz zerdrücken, der Seemann der steuerte. Nur ein geringes Abweichen vom Kurs würde unweigerlich das Schiff gegen das sich weit ins Meer hineinziehende, felshoch aufragende, schroffe Klippengestein treiben.

Breitbeinig stand er auf Deck, sein Körper schweißnass, die Kleidung völlig durchnässt. Ausgesetzt dem tobenden Lärm des orkanartigen stürmischen Seeganges, dem peitschenden Wind in den Ohren, der mit gnadenlos weißbrodelnder Gischt das Deck wieder und wieder überschüttete.

Das Kreischen der Passagiere, das Blöken und Brüllen der Tiere, das Rumpeln der Körbe, Kästen und Kisten, die auf dem völlig überladenen Deck vor- und zurückgeschoben, losgerissen gegen die Reling knallten, verhinderten zeitweilig, den Bug des Küstenschiffes zu sehen und die sonst so durchdringende Stimme des Kapitäns zu hören. Aber er wollte nicht versagen, den Kurs halten.

Unvermittelt wuchtig traf eine vom Sturm losgerissene Takelage ihn, schleuderte ihn vom Steuerrad und löschte sein Bewusstsein. Einen Augenblick lang war es still, das Schiff stand. Dann zerbarst und zersplitterte längsseits an scharfkantigem, auftürmenden Klippengestein der hölzerner Rumpf des Schiffskörpers, brodelnde Wassermassen kippten ihn, alles sank.

Strandgut, etwa zwei Seemeilen vor Felice Circeo, jener Landspitze zwischen Neapel und Rom, viel später angeschwemmtes, erinnerte daran, dass da etwas war, an diesem sturmgrauen Tag.

Nur drei Überlebende kamen zu sich, als sie völlig entkräftet, inmitten der weithin brodelnden Wassergichten und stürmischen Windes, Kiesel und Sand unter ihren Füßen spürten. Später, am Ufer, sahen sie, dass sie sich nicht kannten, und doch halfen sie der einen, deren Fuß schwer verletzt war und die am langsamsten den Strand hinauf kroch.

Das war, nachdem das Küstenschiff im mediterranen Meer gesunken war, im Jahr 33, am 4.April.

Sie wussten nichts voneinander und doch sehr genau, … *wir überlebten!*

So war der Anfang ihrer Beziehung zueinander und

gleichsam das Ende dessen, was für sie vorher gewesen war.

3. Abschnitt

Donata war auf der Rückreise, hatte tags zuvor am offenen Grab ihrer Mutter gestanden; Hilaria war auf der Hinreise zu ihrer kranken Schwester in Rom; Saturnina, die am Bein verletzte, war die Verzweifelte, ihr Kind, ihr Mann, alles Hab und Gut ward ihr genommen.

Einen stillen Mann, einen Fischer, der eben noch vor den wuchtigen Wellen sein Boot an das Land gezogen hatte, trafen sie am Strand.

Er hörte Donata ruhig zu, bei dem was sie erzählte, entschloss sich, den dreien zu helfen, und teilte seine knappe Nahrung mit ihnen. Ihrer schweren Verletzung wegen behielt er Saturnina bei sich.

Hilaria und Donata machten sich auf den Weg, um später, wären sie in Rom, schnellstens Hilfe zu schicken. Drei Stunden auf ruhiger See mit günstigem Wind sei die Entfernung bis zum Hafen Roms, drei Stunden auf See, es würden neun Stunden auf dem Küstenweg sein, sagte er ihnen. Bevor sie aber losgingen, fragte er Donata: „Deine Mutter?"

„Sie ist im Dunkel der unteren Welt", antwortete sie.

„Es leuchte auf in dir die Erinnerung an ihren Namen", sagte er und segnete sie.

Hilaria und Saturnina zugewandt, sprach er: „Ihr ahnt, was der Ursprung dieser Wellen im ganzen Meeresraum ist?"

Hilaria nickte zustimmend, sie ahnte es. Saturnina war es

deutlich, nicht nur wegen ihres Schmerzes, es hatte mit Anfang und Ende zu tun.

Scheinbar grundlos, einer Eingebung folgend hier jemanden zu finden der zur Hilfe bereit wäre, suchten die beiden Frauen das Haus am Esquillin-Hügel Roms auf.

Dessen hölzerne, schwere Tür wurde von Jonatan geöffnet. Donata zeigte ihm ihren Ring und fragte, ob er bereit wäre, sie anzuhören. Er war es.

Gleichentags schickte er einen Eseltreiber mit einem ausgepolsterten Karren, um darin die Verletzte in der Nähe von Felice Circoe abzuholen. Die beiden Frauen gingen auf dem Weg zurück, dem Mann und dem Tier voran.

Als sie aufbrachen an jenem Tag, sah ihnen Jonatan mit ernstem, blassen Angesicht nach. Aus seinem Verständnis als Rabbiner fragte er sich: *War, was die beiden Frauen ihm berichtet hatten, gleichsam die Folie für das Geheimnis, von dem schon seine Lehrer und die Schriften sprachen, das einst kommen wird „... ein Tag"?*

Es lag Melancholie seit einiger Zeit über ihm, er tat damit, was auch in anderer Weise die Frauen taten, er führte es allein auf sich selbst, auf seine Vergangenheit zurück, in Judäa.

Als wäre das Geheimnis, das sich unabänderlich einprägte in die Zeit, noch nicht möglich, gewahr zu werden; noch war Ahnung nicht in Gewissheit umgeschlagen. So blieben es Glaubenserwartung und Hoffnung, die ganz im Widerspruch standen zu dem, was in dieser Stadt und in den Provinzen des Imperium Romanum Tag um Tag geschah. Römer sein, Kosmopolit, Bürger des Imperium Romanum,

Latein zu sprechen, war letztlich eine Frage des Lebensstiles. Wie auch das Jahr 33 im Zentrum alles Römertums scheinbar ein weiteres Jahr war, in dem die Stadt ein Schmelztiegel vieler Menschen unterschiedlicher Herkunft und religiöser Traditionen darstellte.

Jonatan hatte alle römischen Eigenschaften und lebte schon eine Zeit lang hier.

Er legte seine Hand auf die Thora, war nachdenklich; in ihr gab es Stellen, da ging es um das Erwarten, das Warten. Ich warte, dachte er, ... ich erwarte auch sie bald zurück. In einem Geheimnis stehend und allein mit seiner Bilder Flut: ... was, … wenn es dieser Tag gewesen war.

Nur die höchsten der Priester, in den ersten Tagen des April des Jahres 33, in dem unter römischer Herrschaft stehenden Jerusalem in Judäa ahnten davon, es stand später in dem kleinsten Buch zur hebräischen Thora, dem Buch der Schöpfung, auch Sefer Yetzirah genannt, dass der Mensch ein Gott im Körper sei. Das ausgerechnet der römische Statthalter denn ihm war, so waren sie sich gewiss dieser Art mystischen Wissens nicht eigen, diesen einen, als „...siehe den Mensch...“, bezeichnete, ließ sie immer unruhiger werden.

Ja, es gelang dann dieses Menschen Körper zu kreuzigen, so in den Tod zu treiben, in den ersten, dabei gab es merkwürdige Zeichen. So zerriss der Vorhang vor ihrem Allerheiligsten, dann bebte die Erde nicht nur unter ihren Füßen.

Gänzlich entging ihnen aber, dass Gott dem ersten Tod und überhaupt auch dem Sterben der Erde anders gegenüberstand, als sie es gemein hin vermutet hatten, aber deshalb geschah es trotzdem, in dem was später das Mysterium von Golgatha, auch als Ostermysterium, im Jahr 33 n. Chr. bezeichnet wurde. Denn das mit der Erde hatten die Hohepriester nicht bedacht.

Der Einsame der schon vorbereitete durch alle Schichten der Erde und baute mit seinen Händen, die nicht irren, während dem was später auch seine Höllenfahrt genannt war. Bis zum nicht mehr Stirb, zum nicht mehr Werde, und sie still ansah: die Vollendung.

Damit dadurch möglich blieb, einfach, ernst und geduldig das schwere Geschlecht als Mensch, das allen auferlegt blieb, gemeinsam weiterzutragen.

Dass dies Geschehen eine Zeitwende einleitete durch die, die diesem Menschen und dessen Licht begegneten und denen er begegnete, nicht nur in Judäa, sondern weit darüber hinaus, galt als jenes zu tief Wahre, höchste Gute und wirklich Schöne, in einem unvergänglich bleibenden göttlichen Gewand.

Es war wie, wenn etwas Neues anfing, das die mit Namen Maria als erste wahrnahm, am Hain seiner letzten Stätte. Sie war durch Leid hellsichtig geworden, erahnte Ihn im frühen Sonnenlicht und das durch ihn etwas, nicht nur für sie Unumkehrbares begann.

An des Fischers Hütte angekommen, trafen die beiden Frauen Saturnina wieder. Sie fanden sie unweit des Strandes, gebannt von dem geheimnisvollen Zauber, dort, wo das Meer mit seinen Horizonten alles Sichtbare umfasste und sich verlor in jene unbestimmte Ferne.

Notdürftig waren ihr, durch die Frau des Fischers, Verband und Stütze um den verletzten Fuß angelegt und ihr Ruhe gegeben.

Als Donata und Hilaria rechts und links neben Saturnina standen, stellte sich zwischen ihnen eine Vertrautheit ein, gleich der ihrer ersten gemeinsamen Schritte nach ihrem Überleben.

Diese Vertrautheit verschmolz auf einzigartige Weise mit der Stimmung, die dieses überwältigende Überleben als ein Ereignis einer verständlichen Welt erschienen ließen – was es auch war, aber gleichermaßen auch nicht, so wie auch ihr Rückweg nach Rom.

Erwähnenswert fand Donata – so sprach sie es Jonatan gegenüber aus, als sie alle zurück waren – jene merkwürdige Frage, die die Frau des Fischers gestellt hatte, bevor sie aufbrachen von Felice Circeo. Das zunächst so alltägliche Gesicht dieser so einfach erscheinenden Frau hatte, als sie ihr diese Frage stellte, den ebenmäßigen schönen Ausdruck in ihren Augen gehabt, der tiefstem Verständnis entsprach.

„Deine Mutter, sie war auch aus *Ausonia*. Wie du sagtest, ist sie in dem Dunkel der unteren Welt. Leuchtet wirklich die Erinnerung in dir auf, an ihren Namen?“

4. Abschnitt

Jonatan sah Donata an und fragte: „Was löste sie aus, diese Frage an dich?“

„Ich sah etwas innerlich wieder, was ich einst erblickte, als ich neun Jahre alt war und meine Eltern es mir zeigten; es war in einer Schrift gehalten, derer ich mächtig bin, und es stand im Palast der Schreiber.“

„Sahst du die doppelgesichtige *Tabula Bantia* eurer Ahnen, des oskischen Stammes, Donata?“

„Ja, du nennst es bei Namen. Meine Sippe kam aus Neapel, in einem der ersten Jahre, als *Tiberius* Kaiser von Rom wurde, nach der Judenverfolgung.“

„Dass du die Gabe des Doppelgesichtes bewahrtest, zeigte mir dein Ring, als du Einlass begehrtest in dieses Haus,“ setzte Jonatan ihre Ausführungen fort.

„So ist es,“ antwortete Donata.

Verletzung, Verlust und die in unstetem Erinnern sich verlierenden, inneren Bilder hatten Saturnina zugesetzt. So hatten die Stimmungen, die sie durchlebte, und in dem, was sie innewurde, für sie zugenommen, jenes Licht, in dem Geheimnisse erschienen. Gleichsam aber öffnete sie sich der Fremdheit, den anderen Fremden.

Sie staunte und entdeckte jene einmalige Stimmung, wie die Erscheinung einer Ferne, so nah sie ihr auch waren, jeder in seiner Art, Donata, Hilaria und Jonatan.

Nah, wie man jemandem ist, an den Schwellen zwischen Hellem und Dunklem, Kälte und Wärme. Saturnina fieberte heftig und das immer wieder.

Als Jonatan und Hilaria sie an einem stillen Abend auf ihre Träume ansprachen, sagte sie, sie sehe Bilder ganz widersprüchlicher Art, sie seien verwirrend. Es sei ihr schwer.

Noch anderes sei in den Träumen, nicht nur der Moment, als der Seesturm sie ins Meer schleuderte, ihr Fuß sich an der Reling verhakte und sie letztmals den Ruf ihres Kindes hörte, das neben dem blutgetränkten Vater stand, der auf dem Deck lag.

Ganz ohne Worte blieben die beiden noch eine Weile, wobei Hilaria ihren verletzten Fuß einsalbte.

Tage später, als in der frühesten Stunde ein Duft von Bergamotte und Mandarine durch das Haus am Esquillin-Hügel wehte, konnte sich Saturnina vom Krankenlager wieder erheben.

Ihr rundliches Antlitz glich einer sanften Landschaft mit kleinen Erhebungen und Senkungen. Die Haut hell, aber nicht blass, stets von lichter Wärme berührt, spannte sich elastisch über die hohe Stirn, ihre Wangen, bis zu dem schlanken Hals.

Ihr Augen wirkten wie hellbraunfarbene Glaskugeln, zwar bereit, alles aufzunehmen, aber auch etwas erloschen und beide nicht ganz gerade nach vorne gerichtet, als sähe sie mehr nach innen.

Die Lippen ihres Mundes breiteten sich wie in welligem, mattem Karminrot gemalt in ihrem Gesicht. Ihre haselnussfarbenen, langen Haare waren mittig gescheitelt und nach hinten gebunden, so dass alles in sich beherrscht wirkte.

Saturnina ging in sicherer, stiller Art, aber eingeschränkt durch die Verletzung. Sie hielt ihr Haupt leicht geneigt, wie nach innen horchend.

Sie hörte gut, manchmal Unausgesprochenes. Der Ton ihrer Stimme war wie von einem feinen, luftigen Stoff überzogen, die Sprache langsam, melodisch.

Wie Lichtschemen huschten Gefühlsempfindungen über ihr Antlitz, wenn ihr das, was sie sagte, wichtig war. So begegnete sie ihren Gefährtinnen und Jonatan, begegnete ihnen wieder, und es galt, die noch offene Gestaltung dieser Begegnung anzunehmen.

5. Abschnitt

Jonatan, durch das, was er von den Frauen hörte, verband das Gehörte mit seinem Erwarten und Warten über das, was in seiner Thora stand. So bekam die Begegnung eine unbestimmte Ferne, er bezog sich ein, mehr noch, er weitete sich über sie hinaus, er schrieb; schrieb an *Josef*, den Richter des altjüdischen Gerichtes in Judäa.

Das Schreiben, das er diktierte, ging an *Josef Kajaphas* in Jerusalem, den Hohepriester, seinem Lehrer, der ihn nach Rom geschickt hatte.

An beide hatte er eigentlich nur eine Frage: *Ist es wahr?*

Gewiss, das Schreiben, das dem Hohepriester über das römische Prokurat in Judäa zugestellt wurde, enthielt noch anderes über die Entwicklung der Gemeinde in Rom.

Jenes andere an Josef, den Richter, schien allerdings für jenes Geheimnis zu gelten, das ihn einerseits fesselte, auf der anderen Seite aber, wenn es ihm keinen Schlüssel zu seiner Auflösung bot, über sich hinauswies, nämlich die Begegnung mit dem Schicksal der drei Frauen und das andere, das sich ereignete.

Dieses Schreiben gab er Donata, damit sie es einem vertrauenswürdigen Seemann ihrer Sippe übergab, der damit in See stach auf dem Weg nach Judäa, von der Hoffnung begleitet, dass es eine Antwort gäbe von Josef. Das war im Mai des Jahres 33.

6. Abschnitt

Wenn Jonatan über sie sprach, war es, als wäre er selbst dabei, es nach und nach erst zu verstehen.

Sie war im äußersten Nordwesten Siziliens geboren worden, auf der dem Atlantik zugewandten Seite. Sie hatte gehört, wie ihre Sippe noch in griechischer Sprache zu ihr sprach; längst vergangene Bilder erschienen: Jene wie von *Aeneas, dem Trojaner,* dem von Apoll dem Göttlichen durch ein Orakel befohlen worden war, endlich die *alte Mutter* aufzusuchen. Er tat es mit allen seinen Flüchtenden, die ihn begleiteten; so erreichten sie den äußersten Nordwesten Siziliens. Sie nannten sich *Elymer*. Später war es Aeneas' Sohn, der *Alba Longa,* die alte Mutterstadt Roms gründete.

In ihren Fieberträumen wurde vor Tagen alles so gegenwärtig, durch die heftige Erschütterung ihres Verlustes, dass auch ihrer Sippe Worte nicht bewandtnislos waren.

Rom war Saturninas Ziel, sie hatte es mit ihrem Mann und ihrem Kind erreichen wollen, aber erreichte es ohne sie. Wenn jemand Jonatan fragte, wohin Saturnina wollte, antwortete er immer gleich: „Sie ist da, wo sie hin wollte und sollte."

Anders war es bei Hilaria.

Hilaria, so erzählte Jonatan weiter, war die, die mitten im Erleben des schaurigen Schiffsunterganges hell erkannt hatte, dass auch in einem nicht ganz fernen Land etwas geschah, als jenes Unglück sie ereilte.

Gehüllt in ein einfaches, verschwommen-getöntes Gewand, umgürtet von einem geflochtenen, ledernen Band, stand sie oft allein auf der Balustrade, sang leise ein Lied merkwürdigen Klanges und blickte versonnen auf den vom Wind bewegten Tiber herab, um dabei von der fruchtigen Frische der Feigenblätter zu riechen, die sie mit ihren schlanken Fingern fortwährend zerrieb.

Jonatan nannte sie die *Muttergeschickte*.

Damit meinte er nicht nur das südöstliche Siedlungsgebiet ihrer Sippe, *der Aurunker*, auch nicht ihre Sprache, die sie beherrschte, sondern mehr noch, dass ihre Mutter ehemals als Priesterin dem *Magna-Mater-Kultus* gedient hatte, der auch in Rom verbreitet war.

Nach der Geburt von Hilaria hatte ihre Mutter sich wieder in dieses Siedlungsgebiet zurückgezogen. Sie hatte Hilaria als Erwachsene wieder nach Rom geschickt, um dort deren alte, kranke Schwester zu besuchen und sich ihrer anzunehmen.

Doch die letzten Worte der Mutter an Hilaria waren diese gewesen: „Der Engel Mutter wird auch dich schützen, bist du im Kreise des Seins."

Dann hatte sie mit solcher Gewalt diese Weiheformel durchfahren, dass sie erst dort wieder erwachte, wo man sie anschließend hingebracht hatte: an den Hafen, wo das Schiff wartete. Ihre eigene Mutter aber sah sie nie wieder.

Hilaria pflegte die alte Frau, legte ihr die Hände auf, wie ihre Mutter es ihr gesagt hatte. Auch für andere, die darum baten, tat sie das in den Vierteln von Rom, die nur wenige kannten.

Wurde der Rabbi darauf angesprochen, was die Aurunkerin tat, sagte er nur: „Was in Rom ihre Mutter ihr gewiesen hat."

Gemeinsam mit Hilaria suchte er einen Ort Roms gerne auf, weil sie es war, die die Sprache, die man dort sprach, besser beherrschte als er: den Hafen am Tiber. Für sie war es nicht ohne Bewandtnis, weil dort in den frühesten Stunden einige Fischer anlegten, um ihren Fang aus der Nacht zu verkaufen. Als beide an einem Sommertag des Jahres 33 bis zum letzten Fischerboot gingen, fanden sie, was sie suchten.

Der stille Fischer zögerte, als er den Fisch in ihren Korb legte.

„Was ist dir?“, fragte Jonatan den Mann und legte ihm seine Münzen in die Hand.

Der Fischer schaute mit seinen dunklen Augen auf Hilaria. Sie nickte ihm freundlich zu. Dann sagte er: „Jetzt ist es gewiss, Frau, ihr ahntet es einst, was der Ursprung dieser Wellen im ganzen Meeresraum war.“

Hilaria nickte zustimmend. „Ja, so ist es und werde ...“ antwortete sie.

7. Abschnitt

Der Herbst dieses Jahres hatte begonnen. An einem Spätnachmittag stand Jonatan allein am Uferende des Hafens, sah und hörte die Brandung des Tibers, die in immer gleichem Takt an das felsige Ufer schlug wie eine Melodie, vor- und zurückeilte und dennoch immer blieb. Es wurde dämmrig. Da floss Erinnerung in das Schauspiel der Wiederholungen ein, dem er zusah.

Ja, so ist es und werde ..., erinnerte er sich an Hilarias Worte, aber was bedeuteten die Worte des Fischers? *Jetzt ist es gewiss, Frau ...*, und was war gemeint mit *dem Ursprung dieser Wellen*? Was bedeutete es ihnen?

Bin ich nur der, der ohne jegliche Spur der Entwicklung schaue nur immer wieder in die poetisch still schlichte Schönheit eines Gesichtes? Kostbar ... durch das, was sie verbindet, ihr Überleben, Hilaria, die Sehende und Muttergeschickte, Donata, die Doppelgesichtige und Mutter-

verlassene, Saturnina, die Hörende, der soviel verlustig ging.

Wortlos sich so fragend, gewahrte er hochblickend einen Stern, als er zurückging. Schon in dem alten *Alba Longa* angelegt waren einige Straßen und Wege. Die, die hinaufführten zu den welligen Hügeln und palastähnlichen Villen, wurden ergänzt durch die breiter werdenden Straßen zu den kaiserlichen Palästen und Gärten, dazwischen waren schmale schattige Durchgänge und staubige Gassen.

Wie oft war er diese Wege schon hinauf zu dem Anwesen am Esquillin gegangen.

Eines der verbundenen Häuser, das kleinste, war kultischen Zwecken vorbehalten und hatte nur einige Wohnräume. In einem von ihnen lebte Jonatan, in einem anderen Saturnina, geheilt, aber gezwungen zu hinken. Sie half so gut es ihr möglich war.

Hilaria lebte an der Kultstätte der Magna Mater. Die alte Frau, die zu pflegen ihr ihre Mutter einst angetragen hatte, hatte sich verabschiedet, sie war gestorben.
Donata lebte im römischen Haus ihrer Sippe. Doch es gab kein Sich-verschließen zwischen ihnen, eher eine Art Eröffnung für Zukünftiges.

8. Abschnitt

An einem grauen Vormittag klopfte Donata beharrlich gegen die Tür des Esquillin-Hauses. Jonatan öffnete. Drängend, erwartend war ihr Appell: „Jonatan, Bruder, komm, komm sofort!“

Sie hasteten aufgeregt, hoffend, freudig erwartend, nahmen den kürzesten Weg durch verschlungene Gassen, doch dann fühlte sich plötzlich die Erde unter ihren Füßen falsch an; stockten, blieben stehen, sahen auf den vor ihnen liegenden Hafen. Das Schiff war da, aber nicht jenes Handelsschiff aus Judäa, das sie erwarteten. Es war eine riesige Kriegsgaleere.

Flankiert von Soldaten, bei martialischem Gebrüll peitschenschwingender Treiber, setzte sich aus den unteren Decks ein zunächst unübersehbarer Zug Sklaven in Bewegung, Männer, Frauen und Kinder. Langsam zogen sie über jene Straße in Richtung der kaiserlichen Paläste, die auch die der Tränen genannt wurde.

Entsetzt erblickten sie, wie zwei in Lumpen gekleidete Frauen aneinander geklammert wankten, fast zusammenbrachen. Dann sahen sie wütend geschlagene Peitschenhiebe auf sie einprasselten, solange bis sie endgültig im staubigen Dreck der Straße lagen. Zwei muskelbepackte ausdruckslos leer grinsende Treiber hoben sie dann auf und schleuderten sie wuchtig in die Gosse.

Unablässig weiter zog der Menschenzug, gezeichnet von äußerster Anstrengung, nur aufrecht zu bleiben, nicht zurückzubleiben und nur den nächsten Schritt zu setzen; das Dröhnen der weithin brüllenden Gewalt hallte nach. Mit zusammengepresste Händen vor dem Mund fragte Donata: „Was ist mit ihnen?"

„Sie sind vergessen", reagierte Jonatan. Totähnlich am Straßenrand lagen die beiden Gestalten.

Sie gingen zu ihnen, sahen auf ihre blutverschmierten Gesichter und ihre Körper, auf denen nur zerfetzte Lumpen ein Weniges der Peitschenhiebspuren überdeckten.

Ihre ängstlichen flackernden Blicke, fast gebrochen, hefteten sich an die Gesichter der beiden. Die breite Straße, inzwischen an dieser Stelle menschenleer, veranlasste Donata, eilig zum Hafen zu laufen, um einen Mauleseltreiber mit Karren anzusprechen und nach dem eigentlich erwarteten Schiff zu schauen. Sie sah aber keines und kam mit einem alten Mann, der Esel und Karren führte, zurück. Nun hoben sie die beiden Geschundenen in den Karren und gingen so zurück.

Donata und Saturnina nahmen sich hingebungsvoll den beiden Sklavinnen an. Ihre geschundenen Körper, ihre Gesichter heilten. Noch wussten sie nicht, wer sie waren und wie sie hießen, aber sie erkannten an ihrer braunen Haut und dem lockigen, krausen Haaren, dass sie von jenseits des Meeres kamen.

Sie spürten, dass sie keine Feindschaft gegen sie hatten und, sie fanden sich auch mit der einfachen römischen Kleidung zurecht. Behutsam fand Jonatan über seine hebräische Sprache Zugang zu ihnen, und so erfuhr er:

Die beiden waren Schwestern, lebten mit ihren Eltern weit vor Damaskus. Hier wirkte *Philippus;* von der Gottesbotschaft kündete er in der Siedlung, in der sie lebten. Auch lebte dort ein Feldherr, bei dem diese Botschaft Gottes ärgste Wut und Rachsucht auslöste, da er sich aufs Äußerste bedroht fühlte durch sie. So hatte er geschworen: mit Fesseln, Gefangennahme, Versklavung und Zerstörung für alle, die dieser Botschaft anhingen. *An Gott Irrende* nannte er sie. Seine Soldaten zogen von Siedlung zu Siedlung, nahmen Gefangene, rissen Kinder den Müttern und Männer den Frauen weg und verfolgten die, die sich wehrten, so auch ihre Eltern. Sie lebten in der zweiten Siedlung, wo diese Truppe durchzog, und verloren alles.

Als es zu viele der Gefangenen geworden waren, der Hass auf die Irregeleiteten seine Entschlüsse mehr und mehr bestimmte, ließ der Feldherr einen Teil von ihnen zu den in Tyrus ankernden Kriegsgaleeren bringen, damit sie als Sklaven nach Rom geschickt wurden. Die anderen wollte er nach Jerusalem bringen, nach jüdischem Recht anklagen und sie dort töten. Dieser Feldherr hieß *Saulus*, was mit ihm weiter geschah wussten sie nicht.

Donata nannte die ältere der Schwestern Rustica und die jüngere Paulina, gab ihnen diese römischen Namen. Hilaria fand ihre helle Ahnung durch deren Erleben bestätigt.

Saturnina bat Jonatan bei der adeligen Priscella, der Frau Senator Pudens, vorzusprechen, um den beiden Frauen das Joch als Sklavinnen abzunehmen, denn Sklavinnen konnten ihnen keine Gefährtinnen sein.

9. Abschnitt

So heftig war die erste Enttäuschung Jonatans, dass er sich ohne Worte an Gott wandte. Er war enttäuscht, keine Botschaft erhalten zu haben aus Judäa. Für dieses Freiwerden von Täuschung zu danken hatte er gelernt, und so verschwieg er sie ab da, so wurde sie Teil seiner rituellen Wirklichkeit. Kein Ritual, so sagte er später, war das, was die Gefährtinnen zusammengeführt hatte, es war wie ein Versprechen für Größeres.

Still, im Umkreis der vertrauten Dinge im Raum, die schon immer gegenwärtig waren, saß er da. Er achtete ihrer nicht, sie blieben ihm deshalb verborgen. Er bewohnte diesen vertrauten Raum, doch deren Schönheit hatte er noch nicht bemerkt. Plötzlich aber wurde er ihr inne: Licht, glutrot vom Sonnenuntergang, das alles im Raum mit seinem goldrötlichem Glanz übergoss. Er sprach selten davon, dass dies für ihn wie ein inwendiger Anstoß war, plötzlich und unversehens.

Da lag es wieder vor ihm, sein Buch, die Thora, Ausdruck seiner jüdischen Lebenspraxis und allem, was er lernte und lehrte.

Textkultur nannten es seine Lehrer in der Synagoge Jerusalems. Väter lehrten sie ihren Söhnen, die göttlichen Gebote, das heißt die heilige Sprache zu sprechen und in den Schulen die Thora zu unterrichten. Das alles bezog sich auf die Söhne, aber was war mit den Mädchen, den Frauen?

Einst hatte er seinen Lehrer danach gefragt. Dieser hatte ihm die Antwort im babylonischen Talmud gezeigt und gesagt: „Sieh, was hier steht, und lies!“

Jonatan las: „Wenn jemand seiner Tochter die Thora lehrt, ist es, als ob er sie Ausschweifung lehre.“

Das war gewesen, bevor man ihn als Rabbi nach Rom geschickt hatte.

Er fragte sich: *Und jetzt? – Wie wirklich ist die vergangene Lehre, wenn sie nicht mit dem Leben übereinstimmt, und wie wirklich ist Leben, dem er inne wurde, das nicht mit der Lehre übereinstimmt?*

Jetzt, wo ihm alles erst auf den zweiten Blick sichtbar wurde, gleich einer tieferliegenden Folie, die sein Verhältnis zu den drei Frauen ausmachte, haderte er. Konnte er sie wirklich belehren? War er dann noch ihr Gefährte, ihrer Schicksale würdig, und wollte er es sein?

Und was hieß es eigentlich, was die beiden Sklavinnen gesagt hatten? *Wir lebten wo Philippus wirkte.*

Da wurde ihm inne, was er noch mehr aus dem Kreis des Gewohnten hervorhob, durch das, was sich ihm erschloss wie ein ferner Horizont, und dass er nun vor einem weiteren Geheimnis stand.

So blieb er noch eine Weile in diesem Raum träumerisch versunken, die Thora in der Hand, wie entrückt. Noch aber war es ihm, als stünde zwischen ihm und der lösenden Sichtbarkeit für die Geheimnisse eine unüberbrückbare Mauer.

Es klopfe, die Tür öffnete sich, an der Schwelle blieb Donata stehen.

„Jonatan", sagte sie: „Viel Unausgesprochenes ist in diesem Raum. Ich wünsche dir Antworten! – Uns ward gesagt, vom letzten *Meddix* unserer Sippe, der ein hellsichtiger Priester war: *Schaut aus, wenn die Zeit gekommen ist für euch, nach dem, der ohne die Verwandtschaft aller Geschlechter ist,* er *ist der Anfang.*"

Die Tür schloss sich.

Entzaubert nahm sich die Entrückung, die Jonatan umfing, zurück. Er staunte: „Das ist es!"

10. Abschnitt

Ich kann sie nicht belehren. War es nicht eher so, dass für das, was war und wurde, und dieses, was ich zu lehren vermag allein nicht mehr reichte und galt?

So waren seine Gedanken.

Er stand auf ging mit der Thora in seiner rechten Hand zu einem der Fenster, in dem seine mittelgroße, schlanke Gestalt und das dunkelbärtige Gesicht sich undeutlich spiegelte, und sah auf ein auf der Straße vorbeilaufendes Kind.

Plötzlich erinnerte er sich an die Bilder, wie er als fünfjähriger Knabe mit der Bibel, die sein erstes Schulbuch gewesen war, zu schreiben begonnen hatte, auf dem Boden der Lehmhütte in Judäa. „Tritt nicht in meine Buchstaben“, hatte er die Mutter gebeten.

Jahre danach hatte er Mischa, Halacha und Talmud gelernt, also die mündliche Thora. Später hatten die Lehrer dann seine außergewöhnliche Sprachbegabung entdeckt, er hatte zusätzlich Latein gelernt. Als er alle grundlegenden Methoden der Grammatik vom Memorieren und Diskutieren erlernt hatte, hatte man ihn in das weit westwärts gelegenc Rom geschickt.

Der Esquillin Roms war im Besitz von Aquila Pudens. Das Haus war Teil eines Palastes von mehreren Gebäudeteilen auf diesem großen Anwesen. Es war keine Synagoge, aber für kultische Zwecke schon immer vorgesehen. Die jüdische Gemeinde, meist Händler, Krämer und andere aus praktischen Berufen, wuchs langsam.

Das hatte Jonatan auch *Josef Kajaphas*, dem Hohepriester, nach Jerusalem geschrieben. Nicht aber, was noch geschah, zuletzt durch die beiden braunhäutigen Sklavinnen, die jene dunklen Augen hatten, ähnlich der seinen. Es begann etwas Neues.

Er erlebte es, als die Römerin Donata zu ihm sprach. Worte, für die es noch keine sakralen Texte gab, so wie für manches Wort von Hilaria, Saturnina und den Schwestern.

Schließlich schien ihm, dass es nicht vorrangig die Aufgabe des Schicksals sei, ihm, ausgerechnet ihm, verständlichc Texte zu schreiben. Jonatan legte damit das Buch in seiner rechten Hand zur Seite.

11. Abschnitt

Von Zwielicht durchdrungen war die mediterrane Dämmerung, breitete einen dunstigen Schleier vom Meer her aus, scheinbar über alles Vergängliche, auch dem der Stadt.

Es war ein Tag früher Dunkelheit im Jahr 34. Schweigend betraten sie zu dieser fast abendlichen Stunde den fackelerleuchteten Raum. Seitwärts, rechts auf einer Bank saß schon ein junger Mann in einfacher Kleidung, neben ihm bat man Rustica und Paulina Platz zu nehmen. Auf der linken Seite hatten Donata, Saturnina und Hilaria ihre Plätze.

Seitwärts an diesem Raum stand ein römischer Zenturio in seiner typischen Bekleidung: einem mit roten Überhang versehenen Brustschutz und Kampfrock, seinem Kurzschwert an der Seite, seinen Helm in der rechten Hand haltend. Neben ihm stand Jonatan, bärtig, dunkel gekleidet, mit rabbinischer Kopfbedeckung.

Was zunächst ein unverträglicher Gegensatz war, drückte im Nachhinein Weitsicht und hellenistisch-römische Bildung aus, aber auch, dass Aquila Pudens, der Senator am Hofe des *Kaisers Tiberius*, zu denen gehörte, die den Kaiser in allen Fragen der Stadt und den Provinzen des Imperiums berieten. Auch wenn er nicht vor Senatoren sprach, sondern nur zu den Genannten, also auch Sklaven, lag Achtung und Wertschätzung in seiner Rede.

Zunächst erhob sich der Senator, ging zu den beiden Männern und begrüßte sie mit dem römischen Friedensgruß. Das gleiche tat seine Frau Priscilla, die sich vor jeder der Frauen leicht verbeugte. Als Priscilla und Pudens wieder ihre Plätze inmitten des Raumes eingenommen hatten, wies der Senator den Schreiber an, zwei Schriftstücke auszurollen, sie zu verlesen und danach alles Gesprochene mitzuschreiben. Das geschah.

„Meine Frau Priscilla und ich sind die Herrscher dieses Palastes. Nach römischem Recht, aus unserer Vollmacht und unserem Ermessen heraus ist das, was wir sagen, gültig. Wir haben es, wie wir eben hörten, mit unterschiedlichen Anliegen zu tun. Gemeinsam ist beiden: Es geht um Freiheit und die Verantwortung dafür. Nun aber, sprecht Ihr, Lucus," begann der Senator seine Rede.

Der breitschultrige Centurio trat einen Schritt vor und wandte sich an den Mann auf der Sklavenbank. Er blickte, sichtlich betroffen von dem, was er hörte und sah, die beiden neben ihm sitzenden Frauen an.

„Timotius, hör und steh auf! Ich habe bei dem Senator nachgefragt, ob er dich, der du als Sklave geboren bist und seit Jahren in seiner Handelsgaleere gerudert hast, von deinem Joch als Sklave befreien will. Mehr noch, ob du als freier Römer in die kaiserliche Armee aufgenommen werden kannst. Ich frage dich, ist es das, was du willst?"

Timotius standen Tränen in den Augen, dennoch deutlich antwortete er: „Ja, Herr, das will ich!"

„So beschließen wir es, Timotius", entschied der Senator.

Dann kam Priscilla zu ihm und steckte ihm jenen römischen Ring an seine rechte Hand, der besagte: *Dies ist ein freier Mann.* Lucus reichte dem jungen Soldaten anerkennend die Hand und führte ihn aus dem Raum, um mit ihm das Feldlager an den kaiserlichen Palästen aufzusuchen.

Nun sprach Priscilla. „Timotius' Eltern sind namenlos, die euren nicht", dabei schaute sie zu Paulina und Rustica und gab mit ihrer Hand zu verstehen, dass sie neben Jonatan treten sollten. „Eigentlich gehört ihr zu den Sklaven des Kaisers, aber es geschah anderes mit euch."

„Ja, so ist es, und wäre es anders, so ständen wir nicht vor euch, Herrin Priscilla – vor niemandem, wir wären an Schwäche, Wunden und Erschöpfung in der Gosse Roms gestorben", antwortete behutsam Rustica.

Der Senator ergriff das Wort und sagte: „Jonatan, sprich!" Links und rechts neben ihm standen die beiden in ihren einfachen schmucklosen Gewändern.

„Herr, Donata und ich fanden die beiden. Wir brachten sie in das Haus. Ja, wir taten es, ohne zu wissen, woher sie seien und warum sie Sklaven wurden."

„Kamt ihr mit der ersten großen Kriegsgaleere aus Tyrus? Eine zweite folgte nicht. Das Regiment des Saulus zog nach Damaskus, aber Saulus erblindete, er ergab sich Größerem. Seid ihr also Christen?", fragte der Senator.

Atemlos still wurde es im Raum, bis Paulina antwortete: „Wie Ihr es sagt."

Christen, dieses eine Wort, so das erste Mal ausgesprochen, danach blieb es still.

„Jonatan", sprach Aquila Pudens ihn an, „hier ist ein Brief aus Jerusalem, Absender ist der Hohepriester Kajaphas. Wärst du bereit, ihn vorzulesen.

„Ja", sagte er, übersetzte es ihnen und las allen Folgendes vor:

Dir fehlt, mein Sohn, schon lange der rezitativische Gesang der Synagoge, der den Unterschied ausmacht zwischen kultischer Reinheit und Unreinheit, aber hab Geduld, wie sie auch Gott mit uns hat.

Deine andere Frage, ob es wahr ist, was im April 33 ge-

schah, beantworte ich so:

Ja, es ist wahr, es gab ein Beben aller Erden und in den Wassern. Das war aber nur möglich, nachdem ein Römer seinen Speer in den Gekreuzigten gestochen hatte. Dieser Römer erhob nie mehr eine Waffe gegen uns Juden, quittierte stattdessen seinen Dienst, dies dazu. Die Gemeinde in Rom wird sicher noch wachsen, achte du die römisch-griechischen Weisheit, doch halte denen, sollten dort welche sein, die sich Christen nennen, stets vor, dass sie nicht im Gehorsam der Thora und uns Rabbinern stehen. Denn sei sicher, den der Römer tötete, war Jude.

Rustica und Paulina standen erstarrt neben Jonatan, der diesen Brief in sein Gewand steckte.

Der Senator nahm sehr wohl wahr, das Paulina ansetzen wollte, etwas zu sagen. „Sag es“, forderte er sie auf.

„Herr, es wird sein, was der Hohepriester schrieb, aber Herr, … da ist doch viel Größeres, Bedeutsameres, das sagte uns Philippus, der die Gottesbotschaft brachte, bevor wir durch Saulus versklavt wurden.“

„Ihr glaubt, obwohl ihr ihn nie saht?“, fragte Priscilla.

„Ja, Herrin, so ist es.“

„Dann will ich euch *Judenchristen* nennen,“ sagte der Senator, „euch aber nicht.“ Dabei wandte er sich an Hilaria, Saturnina und Donata.

„Tritt vor Donata, dorthin wo eben Lucus stand. Zeige mir deinen Ring, du weißt, welchen ich meine.“

Während sie vor ihn trat, setzten sich alle anderen.

Sie trug dic römische Kopfkleidung, etwas anders gebunden als Priscilla, darunter dunkelbraune lange Haare, die ihr feingeschnittenes, gebräuntes Gesicht umrandeten. Ihre

Lippen waren harmonisch geformt unter ihrer römischen Nase.

Die sanft blickenden, braunen Augen hatten viel gesehen und jenen milden Glanz angenommen, der sich deutlich unterschied von dem eher strahlenden Glanz in den Augen einer jungen Frau. Die leichten, bis hoch über die Knöchel gebundenen Sandalen und ein dunkelblaues, mit feinen helleren Borden verziertes Gewand, gebunden durch einen schlichten ledernen Gürtel, wirkten harmonisch an ihrer fraulichen Gestalt. Sie selbst war Mutter. Ihr weniges Geschmeide, das sie an sich trug, ließ keinen Zweifel aufkommen, es war Azur, ruhig und gefasst.

Donata hob ihre Hand und zeigte den blaugefassten Ring mit dem besonderen Wappen. Es war der Ring der römischen Aristokratie, zu der sie gehörte. Er unterschied sich deutlich von dem, durch den Timotius frei wurde vom Joch der Sklaven.

„Was bewegte dich, diesen beiden Sklaven zu helfen?“ fragte Pudens.

Donata schwieg – besann sich dann: „Es ist eine intime Frage, Aquila und Priscilla, die ihr stellt. Wie fragt ihr eine Mutter nach ihrem werdenden Kind? Es ist meine Freiheit, euch zu antworten oder es zu lassen, darüber seid ihr euch mit mir doch einig?

„Gewiss, Donata“, antwortete Priscilla.

„Zweifaches, eines äußerlich, eines innerlich sah und erkannte ich. Äußerlich, als das Blut ihrer Leiber den Boden, den staubigen Boden der Straße tränkte unter dem martialischen Gebrüll der peitschenschlagenden Treiber. Innerlich, als ich am offenen Grab meiner Mutter stand, allein und mir etwas Inneres sagte: *Sie ist in dem Dunkel der unteren*

Welt ..., und ich? – und ich, die ich wie eine leichte Feder vom Schiff gerissen wurde, wenige Stunden danach, als der außergewöhnliche Meeressturm tobte, fand mich in einem anderen Dunkel, das genauso nah an dem der unteren Todeswelt war, und sah, auch hier schien sich etwas zu verändern. Ich weiß, Aquila und Priscilla, es ist nicht die Antwort auf eure Frage, aber seht: Ist die Macht blutgetränkter Peitschen auf Sklavenleibern und die des todbringenden Sturms für sehr viele gerecht? Ja! Ich schaue euch in die Augen und sage, wenn das Dunkel der unteren Welten sich beginnt zu verändern, verändert sich auch unser Erleben von Gerechtigkeit. Nein, ich musste nicht helfen, aber ich wollte es! Einst fragte mich der Fischer, der uns Gestrandete aufgenommen hatte, nach meiner Mutter. Ich sagte ihm: *Sie ist in dem Dunkel der unteren Welt.* Daraufhin sprach er zu mir: *Es leuchte auf in dir die Erinnerung an ihren Namen.* Ich sage euch, dass einst auch die Namen aller namenlosen Sklaven aufleuchten werden in der Erinnerung; dass es möglich wird, beginnt im Dunkel der unteren Welt. Versteht ihr? … dieses Helfen bedeutet mehr, viel mehr!“

Alle Betroffenen wussten, so durfte nur Donata sprechen.

12. Abschnitt

Hinter den Lagern der Anwesenden, an einer Seitenwand war eine Landkarte auf ledernem Hintergrund angebracht, die die Ausdehnung des römischen Imperiums zeigte.

Vor dieser fast wandfüllenden Karte bat der Senator sie. Er schritt vor ihnen in weißem Gewand, mit dem von der rechten Schulter bis zur unter die Taille reichenden Überwurf, umgürtet von einem breiten, mattgelben Gürtel, entschlossen auf sie zu.

Mit einem kurzen Stab zeigte er auf das Land Judäa und die Gegend um Damaskus, dann auf eine Linie, die sich dünn, aber deutlich weiter unten zeigte, es war der Äquator.

„Seht, sagte er, „bedingt dadurch, dass das Land Judäa und die Stadt Damaskus näher am Äquator liegen als Rom und deshalb die Dämmerungen äußerst kurz ausfallen, hörte ich, als ich noch kein Senator war, aber auf einer Handelsgaleere dieses Land aufsuchte und von da mit einer Karawane nach Damaskus unterwegs war, in einer kalten, sternenklaren Nacht einen Weisen sprechen. Ihn fragte ich, so jung wie ich war, was mein Schicksal sei. Ich hatte damals gar nicht weit gedacht, es nur auf die nächsten Tage bezogen. Er aber hatte gesagt: *Geh und suche die Stunde, die weder zum Tag noch zur Nacht gehört, und lerne die griechische Weisheit.* Diesem Rat folgte ich; nach dieser Weisheit gibt es eine dunkle Welt! Ihrer Art nach undurchdringlich, undurchdringlich dunkel. – Aber damit machen wir uns es zu leicht!“

Nachdenklich, bevor es alle anderen taten, ging Priscilla zurück zu ihrem Lager. Für einen Moment in sich aufleuchten sah sie schemenhaft ein Angesicht.

„Hilaria ich möchte mit dir sprechen“, sagte sie.

Hilaria war mittelgroß, schlank und hatte helles, fast blondes Haar, trug es nach vorne offen nach hinten teils gebunden, in einfacher römischer Art, und trat vor sie. Ein feingeschnittenes, hellhäutiges Gesicht und blaue ausdrucksvolle Augen waren ihr eigen, ihre Lippen waren harmonisch, und sie hatte ein längliches Kinn. Ein rötlich violettes Gewand, mit ein wenig verzierten andersfarbigen Rändern, gebunden durch eine breite, geflochtene Kordel kleidete sie. Der Halsschmuck, den sie an sich trug, bestand nur aus einem lichtglitzernden Stein in ähnlicher Farbe wie das Gewand. Sie wirkte anmutig.

„Hilaria, … Aquila Pudens mahnte uns, es uns nicht zu leicht zu machen, mit der dunklen Welt. Mir ist es klar, dass sie sich verbirgt, und zwar so, dass sie nicht zu sehen ist, obwohl gerade diese Welt doch immer da ist. Anderseits können wir nicht nur Helligkeit, sondern auch Dunkelheit sehen. Ja, wir sehen sie zuerst.

Jonatan nannte dich in dem Schreiben an uns *die Muttergeschickte*. Er betonte, dass deine Mutter, die vor deiner Geburt eine Priesterin des Magna-Mater-Kultes gewesen war, dich nach Rom geschickt hatte, bevor sie starb. Deren letzte Worte für dich waren: *Der Engelscharen Mutter, sie wird dich schützen, bist du im Kreise des Seins.* Was heißt das, Hilaria, frage ich dich?“

„Ja, Priscilla,“ antwortete sie, „was dies segnend Schützende nicht heißt, ist, dem wortlos eindringlichen Ruf des Schicksals entweichen zu können oder dem lebensverneinenden Meeressturm mit seiner unaussprechlichen Gewalt ausweichen zu können; ein wenig länger nur, und auch ich wäre ertrunken. So ausgesetzt, war mir gewiss, dass die Ursache dieses Geschehens und an diesem Tag ein Beben aller Erden war. Mir gewährte meine völlige Hilflosigkeit, in der ich dem tobenden Dunkel der Wellen ausgesetzt war, eine Helle, die nichts mehr hindurchließ und den tosenden Wassern die Sichtbarkeit nahm. Wäre es anders, ich stünde nicht vor dir, Priscilla.“

„Heißt das, dass Magna Mater keinen schützenden Unterschied macht zwischen ihr Ergebenen und denen, die es nicht sind, ähnlich wie zwischen Freien und Sklaven?“, fragte Priscilla nach.

„Nach dem Verständnis der Mutter Magna, der früher auch Isis-Sophia genannten, gibt es keine namenlosen, bedeutungslosen Sklaven, auch keine, die sie beherrschen. Denn es gilt, sie schützt alle und alles, was würdig ist zu sein.“

Jonatan standen Tränen in seinen Augen. Er reagierte kaum, als Aquila Pudens ihn erneut ansprach, ihn fragte: „Was ist dir?“

Zögerlich erhob er sich und sagte: „Angst, … ich habe Angst.“

„Ich verstehe“, antwortete Pudens: „Donata, Hilaria und Saturnina sind Heidenchristen und du aus der ehrwürdigen Tradition der Rabbinen. Für dich birgt der allzu nahe Kontakt die Gefahr eines Verlustes und einer Angleichung an das, wofür diese Frauen einstehen. Dazu kommt, was der Hohepriester dich anwies, den Christen Roms ihren Ungehorsam gegen die Thora vorzuhalten, aber welches Rom meint er, Jonatan? Kann er denn davon ausgehen, dass du eure kleine, jüdische Gemeinde vor fremden Einflüssen allein durch die Lehre zu schützen vermagst, gerade auch vor dem, was dich umgibt? Ja, mich erstaunen diese Zeilen, mehr noch der Hohepriester selbst.“

„Inwiefern?“ reagierte, wieder gefasst, Jonatan.

„Höre, höre genau hin. Neues, von solch unübersehbarem Ausmaß, sollte man mindestens fünfzig oder gar hundert Jahre auf seine Tragfähigkeit überprüfen und es erst dann in die Tradition aufnehmen, denn das, was ein Menschenleben nicht überdauert, ist überflüssig. Willst du dem Hohepriester antworten, so sage ihm: *Bruder, ich habe begonnen zu prüfen und stehe dabei ganz am Anfang, aber ich halte niemandem etwas vor und verschließe die Türe auch nicht.* Bleib dir getreu, Jonatan," endete Pudens.

13. Abschnitt

Durch eine auffordernde Geste Priscillas trat Saturnina vor.

„Wie Jonatan prüfen wird, was von unüberschaubarem Ausmaß geschah, so frage ich, prüft es auch uns?"

Saturnina antwortete: „Ja, … ich verlor alles: mein Kind, meinen Mann. Als mich die Schaumkronen der tobenden Wellen an das Ufer warfen, hatte ich eine Ahnung, die mich zwang, die innere Verwirrung, die mich erfasst hatte, zu überwinden, dem Sand unter meinen Füßen zu vertrauen, dass es wirklich Ufersand, keine Täuschung war. Es mag das ohrenbetäubende Dröhnen der Wellen gewesen sein, aber ich hörte auch einen sehr hohen und ruhigen Klang, der mich zutiefst ergriff und beruhigte. Ich will sagen, ich fühlte: Etwas begann … Ich strengte all meine Kräfte an, weiter an den Strand zu kriechen und eine blutige Spur zog sich hinter mir her."

„Siehst du dich als Zeugin?", fragte Priscilla nach.

„Für was? Gewiss für alles, was ich erlebte, und für das, was ich nannte: Etwas begann. Dafür zeuge ich."

„Willst du dich auf etwas berufen?", fragte Priscilla ein weiteres Mal.

Emotionen huschten wie Lichtschemen im Antlitz und über ihre Gestalt. Ihr Blick war nicht ganz nach vorne gerichtet, mehr nach innen. Als sähe und hörte sie das Unausgesprochene der Frage Priscillas.

„Ja, … ich berufe mich auf mich selbst und auf die gleiche Sicherheit, mit der *Ahnherr der Elymer*, meiner Sippe, einst sagte: *Meine Irrfahrt ist zu Ende, hier ist die alte Mutter, wie es das Orakel einst nannte.*“

Sie sah mit ihren hellen, braunen Augen in die von Priscillas. Sie ahnte, diese tapfere Mutter und Witwe war nie Sklavin gewesen, trotz ihres dunklen einfachen Gewandes, sie war aus jenem Geschlecht, das einst Alba Longa, die Mutterstadt Roms gegründet hatte.

Priscilla schloss kurz ihre Augen, wieder sah sie ein schemenhaftes Angesicht. – Nein, Saturnina war keine Verbannte, sie hatte Hab und Gut, Kind und Mann verloren, aber nicht sich selbst.

Es war still. Behutsam in diese Stille hinein, leise klang Priscillas Frage: „Bist du Christin?“

Saturnina schwieg, schaute nach innen, bevor sie sagte: „Das ist ein Wort. Ich hörte es hier zum ersten Male, ein Wort, für das Rustica und Paulina versklavt wurden, und der Hohepriester mahnte, sich zu hüten vor denen, auf die dieses Wort zuträfe.

Ich vermag aber nicht zu sagen, was genau ihr damit meint; wenn ich es übersetze, dann heißt es in unserer hellenistischen Sprache *Logos*; wenn es das ist, woher diese außergewöhnliche Klangmacht kam, dann glaube ich daran.“

„Es ist, wie du sagst, Saturnina“, bestätigte Pudens. „Deine Übersetzung ist stimmig, und du bist jemand, der dem Logos Macht zutraut, aber es ist nicht das, was wir meinten.“

„Verzeiht mein Unverständnis, aber ein Wort ohne Bedeutung ist mir ein Gräuel, denn wenn das Wort nicht mehr verstanden wird, dann verschwindet das Ding, für welches das Wort steht, und lässt sich nicht wieder zurückrufen", antwortete Saturnina.

„Es ist berechtigt, was du sagtest, doch die Bezeichnung *Christen* ist erst entstanden, sie gab es vorher nicht; mit einen überwältigtem Hintergrund, der auch für uns erst im Entstehen ist", reagierte Priscilla und setzte fort: „Du sprichst wie eine Frau, die viel verlor, aber der das Wort keine abgegriffene Münze ist. Wir aber fragen nach dir selbst, nach einem Wort von dir, über deinen weiteren Weg, … Was willst du, Saturnina?"

„Bleiben will ich," antwortete Saturnina.

„Das heißt Römerin werden?", fragte Priscilla sie.

„Auch das, aber aller derer Gefährtin", sprach sie und zeigte auf die anderen.

„Du bist es!" sagte Priscilla, stand auf, umarmte Saturnina, nahm ihre rechte Hand und steckte ihr jenen Ring an, der besiegelte: *Dies ist eine freie stadtrömische Frau.*

„Was erwartet uns?", wandte sich Rustica nach einer Weile an Senator Pudens.

Der sah beide nachdenklich an und dann seine Frau Priscilla. Daraufhin sagte er: „Euch beide erwartet nicht, dass wir euch schweigend von Hand zu Hand geben, wie es mit Sklaven üblich ist. So verstehen wir weder Jonatans noch Donatas Wort – und uns selbst auch nicht!"

Dann stand er auf, ging zu ihnen und steckte jeder einen Ring über, derart wie ihn auch Timotuis bekommen hatte. Freudig verneigten sie sich vor dem Senator.

„Ihr seid damit frei von diesem Joch, aber doch gibt es etwas, das wollen wir von euch hören, denn seine wirkliche

Schwere verliert das Joch nur dadurch. Möglich ist, dafür biete ich euch meine Hilfe an, zurück nach Damaskus, eurer Heimat, zu ziehen oder zu bleiben, dann seid ihr frei, dennoch lebt ihr hier, wo Priscilla und ich entscheiden. Zudem schätzen Priscilla und ich eure schwesterliche Bande, doch diese Antwort gebt uns jede von euch allein.“

Wieder trat eine Stille ein, jene, die wartet, erwartet. Zuerst noch ganz ergriffen, dann aber gefasst sprach Rustica: „Alles ging schnell, und wir waren wie gelähmt. Die Soldaten rissen den Vorhang auf von unserer Hütte, Vater und Mutter stellten sich schützend vor uns. Der eine Soldat schrie: *Raus, raus hier!* Wir gingen nacheinander. Auf der staubigen Straße standen schon andere Dorfbewohner. Von Weitem sahen wir, dass der auf dem großen Pferd mit unserem Dorfältesten sprach, einem ehrfürchtigen, einfachen Mann. Zu weit fort waren wir, um etwas zu verstehen, sahen aber, dass der Feldherr sein Schwert auf die Brust des Ältesten setzte, dieser nicht flehte oder kniete, sondern ihn segnete. Daraufhin erfolgte ein sirrender Schwertschlag. Unseren Eltern und wenigen anderen gelang es dennoch zu fliehen, die Wüste war nicht weit. Unser und vieler Dorfbewohner Schicksal aber schien besiegelt. An dem im Wegesstaub und seinem Blut liegenden Ältesten zogen wir, von Soldaten umgeben, aus unserem Heimatdorf. Was uns dann geschah, war gewiss nicht unsere Wahl. Herr, … Senator, deshalb frage ich mich, was werde ich finden, was würde ich finden, kehrte ich zurück? Glaubt mir, der gelbe Sand der arabischen Wüste ist auch bei uns, die braunen Lehmziegelhütten und ringförmigen, steinernen Brunnen, die Laute der Ziegen und Kamele, aber finde ich Hoffnung und Frieden? Mein Los war kein selbstgewähltes, ich wurde versklavt, und jetzt nehmt ihr mir dieses Joch, ich darf wählen. So wähle ich die, die mir dieses Joch nahmen und mir zu wählen aufgaben. Ich bleibe, möchte euch allen Gefährtin sein.“ So endete ihre Rede.

Paulina zog den Ring wieder ab, hielt ihn gegen das Licht. „Mir ist, als sei mir eine Binde von meinen Augen abgenommen worden, die das Sklavenjoch allen meinem Sehen gab. Ich sah dieses feine Lichtesweben zwischen uns zum ersten Mal, als ihr über euch spracht; es bleibt. Du! Du, meine Schwester, sprachst mir aus Herzen. Auch ich weiß, ich bin eine Vertriebene. Wenn ich bei euch bleibe, nicht versklavt mehr bin, werde ich mehr als die schwarze Stille der Toten finden, wie wir alle. Mir ist, als wäre das Wort Christen zum ersten Mal zwischen uns ausgesprochen worden. Sehe ich doch jetzt erst eure ganze Schönheit, auch wenn ich ahne, dass über uns noch Dunkelheit herrscht, das Joch seine ganze Schwere noch nicht verliert, aber besser zu tragen ist.“

Sternklares Licht inmitten der Dunkelheit sahen sie in der Nacht, als sie den Palast von Aquila und Priscilla Pudens verließen.

14. Abschnitt

Jonatan erinnerte es so:

Zwischen den Jahren 37 und 40 entstand ein Machtvakuum auf dem römischen Thron. Die weitläufigen Katakomben in Tuffstein wurden entlang der prächtigen breiten Straßen weiter ausgebaut. Die Lehmhütten unterhalb der Hügel Roms nahmen zu. Die uniformierten Kohorten wurden mehr, alle Verunsicherung lärmend verbergend, und im Marmorglanz sich spiegelnde Statuen und farbige Fresken schmückten neue Paläste. Die Last der Sänfte, auf dem Weg zu den Märkten und am Hafen, wurden manchen Trägern sehr schwer.

Hilaria, unterstützt von Rustica und Paulina, lehrten Sklavinnen und römischen Witwen, die immer zahlreicher wurden, das sich suchende Selbstverstehen. Donata erschrak über manche doppelseitigen Inschriften an den Kapitellen, Türen und Pforten.

Jeder, der das Jüdische bei Jonatan suchte, wusste, dass eine hinkende Frau die Tür öffnete. Die Gemeinde wuchs. Ende des Jahres 40 rief der Senator Jonatan und die Gefährtinnen zu sich und sagte ihnen: „Ihr habt gewählt. Was ihr gewählt habt, führt euch, aber seid gewarnt vor dem, was kommt!“

Was kam, war die kaum zu begrenzende Macht über alle Heere, Gesetze und über alles religiöse Leben in der Stadt Rom und im Imperium Romanum. An einen Einzelnen übertragen, im Jahre 41: *Claudius* wurde römischer Kaiser.

Ein zweiter Brief Jonatans erreichte Josef, den Richter, in Jerusalem.

Im Jahr 41, nicht nur in Rom, auch in Palästina, gab es prachtvolle Thronzüge, denn *Herodes Agrippa der Erste* bestieg den königlichen Thron Judäas. Josef schrieb bei dem Klang der Fanfaren und dem dröhnenden Stampfen der Paradesoldaten an Jonatan zurück, übergab eilig dem wartenden Seemann die Antwort und einen Korb voller Feigen. Dessen Schiff stieß bald danach in nordwestlicher Richtung in See.

Wieder war es Donata, die stürmisch klopfte. „Ein Handelsschiff aus Judäa“, sagte sie nur.

Der kalte Wind ließ sie schweigsam nebeneinander hergehen. Das Schiff lag im Tiberhafen. Es hieß Mose. Donata fragte Jonatan: „Was heißt das?“

„Das heißt *Mosche Rabbenu* oder *unser Meister Moses*“, antwortete er.

Es war bereits entladen, als ein bärtiger Seemann zu ihnen kam. Er nahm seine Schwester Donata in seine Arme, begrüßte sie herzlich und übergab Jonatan den Korb gefüllt mit judäischen Feigen. „Dieses und was noch in ihm ist, ist für Euch,“ sagtc er.

Jonatan ging eilig allein zurück mit dem unter seinem Arm fest eingeschlossenen Korb. Donata hatte gesagt, dass sie später wiederkommen würde.

„Ist es dir recht, wenn die Gefährtinnen mit dabei sind?“, fragte sie ihn.

Er nickte. Die Feigen im Korb waren abgezählt, ähnlich dem Spiel, das Jonatan und Josef als gleichaltrige Kinder am Rande der Sandwege in Judäa gespielt hatten. Ihr Spiel war dieses gewesen:

Vierzig traten in den grünen Baumgarten, das Paradies, ein.

P schaute es und starb. Dann aßen sie zehn der Feigen.

R schaute und starb, weitere zehn Feigen aßen sie.

D schaute und kam zu Schaden. Um diese zehn stritten sie sich.

S stieg in Frieden hinauf und kam in Frieden herunter.

Anschließcnd teilten sie die restlichen Feigen brüderlich, davon gab jeder eine für die Vögel.

Auf dem Leinenumschlag mit dem Brief, der eingeschoben zwischen dem doppelten Boden des Korbes lag, war PaRDeS zu lesen. Da erkannte Jonatan sicher, dieser Brief kam wirklich von *Josef,* seinem Kindheitsfreund aus Judäa.

Er teilte die vierzig Feigen auf sechs kleine Teller, fünf mit sieben, den sechsten mit nur fünf nahm er für sich. Dann trat er auf die Balustrade, schaute versonnen auf die Stadt, aß drei Feigen, die anderen warf er den Vögeln hin.

Später gestand er den Gefährtinnen gegenüber: Nachgedacht habe er, warum er den Brief, den sie doch alle erwarteten nicht sofort hatte öffnen wollen, und er erklärte: „Einen solchen Brief zu lesen kann einsam machen, und es könnte der letzte sein von Josef, dem Richter."

Der Brief war nicht lang, aber so, als hätte sich ein Fanfarenstoß darin verirrt. „Lies ihn bitte", bat Donata, „wir hören und essen Feigen."

Du, Rabbi Jonatan,

der Seemann, der Bruder von Donata, die ich nicht kenne, drückte dir den Korb mit Feigen in die Hand. Teile sie, wie wir es in unserer Kindheit taten. Grüße Bruder, Schwester und die, die dir getreu sind.

Lieber Jonatan,

tiefes, tiefes Leid empfinde ich, erinnere ich mich an jenen Tag in der Vergangenheit, als ich dem jetzt gekrönten König Palästinas, Herodes, dem Machtbesessenen, gegenüberstand.

Es geschah am 4. April 33 in Jerusalem. Herodes war damals noch kein König. Ich bat ihn um den Leichnam am Kreuze auf Golgatha, ihn abzunehmen und in die Grabkammer zu legen, die ich vor Jahren dort gekauft hatte. Zuvor, nach seinem Kreuzigungstod, gab es mehr als ein nur angsteinflößendes Beben. Dies und noch vieles mehr geschah hier.

Vertraue, es gibt ein Vermächtnis, sein Vermächtnis. Ich bin Bürge dafür und auch diejenige Frau, die alles als Erste sah und miterlebte, was nachdem geschah, als der Leichnam in der Grabkammer lag. Sei gewiss: Er war, ist und wird sein!

Er lehrte uns auch, was es mit Gnade von oben und den Wunden auf sich hat, die Könige und Kaiser ausmachen; es wird uns gewiss nicht entgehen. Ich und Maria waren seine Schüler, keiner erfuhr davon.

Du weißt, ich bin Richter, und wenn wir zu euch kommen, mit den Zornesaugen des Sanhedrins werden wir Verräter genannt werden und der mit der namenlosen Maria Geflohene, denn vor den Juden hat diese Frau keinen Namen. Ein Urteil werden sie über mich verhängen; ich ahne welches! Langsam wird Maria und mir Gewissheit, was weiter geschehen wird; aber er ist bei uns! Wir werden kommen, schon bald. Gott segne euch! Schreib nicht mehr, es ist lebensgefährlich, für euch und für uns!

Donata sagte: „Lasst sie uns empfangen!“

15. Abschnitt

Einige Wochen danach trat Saturnina in den Raum Jonatans und sagte „Sie sind da.“

Er zog seine Kopfbedeckung auf, strich sein dunkles Gewand glatt und ging ihnen entgegen. Die zwei Gesandten von Kajaphas, dem Hohepriester, begrüßten Jonatan in ritueller Art.

„Nicht entgangen wird dir sein, Bruder Jonatan, dass uns ein neuer Herrscher über ganz Judäa gegeben ist. Unser Hohepriester ist ihm wohlgesonnen und er ihm. So sandte er uns, die wir bei seinen Begegnungen stets dabei sind, als Erstes zu dir nach Rom, um dir einige Botschaften zu überbringen und zweitens dem neuen Kaiser Ehre zu erweisen aus seiner römischen Provinz. Du weißt, Bruder Jonatan, Kajaphas geht es um die Reinheit unserer Lehre, deshalb fragen wir dich: Sind Christen in Rom?“

„Ja“, sagte Jonatan, „es sind freie Bürger und Sklaven, die man so nennt.“

„Auch in deiner Gemeinde, Jonatan?“

„Ja, wenige; so sie frei sind, verwehre ich ihnen nicht den Zugang.“

„Kajaphas gab dir in einem Schreiben Anweisungen dazu, wir haben hier weitere ...“

So ging das einseitige Gespräch eine Zeit weiter, zuletzt übergaben sie ihm eine architektonische Zeichnung für eine Synagoge in Rom.

Die Gesandten verabschiedeten sich gerade in ritueller Weise, da fragte einer von ihnen: „Wer ist eigentlich diese hinkende Frau?“

Jonatan antwortete: „Sie ist Hellenin, sie verehrt das Wort.“

Sie gingen. Noch in Gedanken bei dem vorangegangenen Gespräch trat Saturnina neben ihn, und er fragte sie: „Sind deren Worte wahr?“

„Nein“, erwiderte sie.

16. Abschnitt

Was Jonatan dann erzählte, bewegte ihn immer neu. Hilaria drückte seine Hand und rief: „Seht, seht dort!

Jetzt erblickte er sie, als Letzte den Anlegesteg des Küstenschiffes verlassend. Vor ihnen ein Getümmel von Menschen, Kisten, Körben und anderen Frachten. Es roch nach Fisch und vielerlei, auch jetzt trotz des frühen Nebels, der über dem Hafen lag.

Sie trugen ihre Reisesäcke über den Schultern und zwischen sich eine nicht allzu große Kiste. Er sah, wie sie im Weitergehen den Trägern abwinkten, die sich Reisenden anboten zu helfen.

Josef trug einen grünen Überwurf über seinem Gewand, in der Art, wie sie Hellenen trugen. Sein voller dunkler Bart fiel auf. Er war etwas größer als sie, die eingehüllt in ein tiefblaues Tuchkleid und einer Kopfbedeckung, die ihr Haar schützend umgab, neben ihm langsam am Gestade des Hafens entlangging. Etwas abseits des allgemeinen Getümmels blieben sie stehen, sahen sich wartend um.

Sie gingen ihnen entgegen. Jonatan erkannte Josef. Donata und Hilaria war es, als würden sie beide kennen, aber auch wieder nicht.

Nahe genug waren sie zu erkennen: Marias helles, sein dunkles Haar, seine kräftige, ihre eher zierliche Gestalt und ihrer beider Gesichter mit dem lebendigen, freundlichen Ausdruck. Ihre Bewegung zeigte Erschöpfung; welche Reise hatten sie hinter sich?

Jetzt gingen sie auf die beiden zu. „Josef ..., Maria …?“ fragte Jonatan auf Judäisch.

„Ja, und ihr, ihr seid es, Donata, Hilaria und Jonatan“,

antwortete Josef.

Sie begrüßten einander, hielten sich die Hände und schauten einander an. Eine vertraute Empfindung, eine Art Wiedererkennen überkam sie dabei. Später bestätigten sie sich ihr Empfinden. Inzwischen, es wurde wärmer, hatte sich die Sonne durchgesetzt an diesem frühen Sommertag im Jahre 42.

Ihr Gepäck vertrauten sie einem Eseltreiber bis zum Esquillin an. Auf ihrem Weg dorthin marschierte eine Kohorte Soldaten vorbei. An anderen Stellen liefen aufgeregte Sklaven vor den Sänften ihrer Herrinnen her, Bettler saßen in manchen Häuserecken, schrien um Gaben, und immer wieder wich der Eseltreiber seinesgleichen, mit ihren breit ausgelegten Körben voller Obst und Waren, aus.

Eine kleine Gruppe Juden begegnete ihnen, blieb stehen, warf verstohlene Blicke zu Jonatan, wegen seiner Kopfbedeckung und dem besonderen jüdischen Bart Josefs. Er und Maria waren voller Staunen über das, was sie sahen, und verständigten sich wortlos mit Blicken.

Wenig später klopften sie an die hölzerne Seitentür des Hauses, es öffnete ihnen Sarturnina. Rustica und Paulina fanden sich ein. Ihnen allen war Freude anzusehen.

Sie verneigten sich vor den Gästen und sprachen mit ihnen. Josef trat vor den gleichaltrigen Jonatan, umarmte ihn herzlich und stellte ihnen Maria vor. Tränen hatte sie in ihren Augen, Rustica half Maria dabei, Worte zu finden. Als die Gäste ein Mahl eingenommen hatten, sprach Josef, der eine tiefe melodische Stimme hatte, eine Weile in jüdischer Sprache zu Jonatan.

Jonatan erhob sich anschließend, wirkte bedrückt, bat sie, ihm zu zuhören.

„Die Blicke, die Josef und mich eben trafen, waren noch verunsichert. Doch es ist eine Gruppe Juden aus der Heimat von Maria und Josef mit eingetroffen. Seht die Gewänder, die beide tragen, besonders Josefs Gewand. Die beiden werden, seitdem sie in Jerusalem aufbrachen, verfolgt. Ihr wisst, Josef hatte ein sehr hohes Amt inne und gilt als Verräter. Verraten, so meinen sie, hat er ihren alttestamentlichen Glauben, der besagt, Unreine nie zu berühren, aber das sind wir alle. Maria ist wie eine Geächtete für manche der Juden. So bitten sie euch, ihnen typische römische Kleidung zu geben, damit sie weniger Blicken ausgesetzt sind."

„Vertraut uns bitte, ihr seid nicht gefährdet durch uns," gab Josef ihnen zu verstehen.

„Es ist, was uns leitet und führt, das uns warnt, nicht zu gefährden, dass wir bei euch weilen," ergänzte Maria.

Wie sie es sagte, war in bestimmender Gewissheit.

17. Abschnitt

Sie beteten miteinander und jeder für sich, nicht aber um Erlösung sondern um Verbindung. Sie sprachen miteinander, nicht um sich zu überzeugen, sondern um zu erkennen, was bisher geschehen war. Nicht nur das verschwiegene Licht, das sie zusammengeführt hatte, auch die Erinnerungen, die manchmal wie ein Schatten über jedem Einzelnen von ihnen lagen.

Sie schwiegen, wenn es darum ging, des Webens des Lichtes, des Innewerdens gewahr zu werden. So waren sie, wie es Jonatan sagte, manchmal nur ein Stundenglas lang, manchmal auch länger zusammen, während Maria und

Josef ihre Gäste waren. Sie trennten sich wieder, es gab für jeden noch anderes zu tun, sie kamen aber wieder zusammen.

Paulina war es, die auf Josef zuging ihn ansprach: „Josef, ihr beide kommt aus der Landschaft, wo ich und Rustica einst lebten. Ihr erzähltet uns viel von dem, was im Jahr 33 alles geschah, und du erwähntest auch Saulus. Dieser verfolgte Christen, hat uns aus unserer Heimat vertrieben, schließlich zu römischen Sklavinnen gemacht. Das, was uns widerfuhr und was mit uns passierte in Rom, wollte es aber anders. Seitdem frage ich mich, warum eigentlich verfolgt er Christen?"

Josef sah Paulina und Rustica lange an, schwieg, besann sich und sprach: „Es gibt wenig, was ich euch dazu zu sagen vermag, eins aber ist gewiss: Saulus war rücksichtslos und sein Verständnis von Gott geprägt allein von Vorstellungen über die alles beherrschende Macht Gottes. Er vertrug es nicht, betrachtete es als regelrechte Gotteslästerung, dass von dem, der sie in schmählicher Art erlitten hatte, die Kreuzigung, behauptet wurde, er, der Sohn Gottes auf Erden, sei so gestorben. Er begriff nicht, wie ein so hohes, mächtiges Wesen auf seine Allmacht über alles äußerlich Irdische verzichten konnte, um etwas zu bewirken, das viele Stationen vorwegnahm, die den Menschen einst zukünftige, innere Ziele ihres Weges sein werden."

„Aber Philippus, der ein Jünger von ihm war, sagte damals, dass es so gewesen sei", ergänzte Rustica.

„Ja, es war so. Der Sohn Gottes musste uns, den Menschen nichts beweisen und es gibt noch viel mehr dazu zu sagen", antwortete Josef.

Ein anderes Mal war es Donata, die Maria ansprach.

„Es ist lange her, da gab einst der letzte Meddix unserer Sippe diesen Rat: *Schaut aus nach dem, wenn die Zeit gekommen ist für euch, nach dem, der ohne Verwandtschaft aller Geschlechter ist, er ist der Anfang.* Ich frage dich, glaubst du, dass diese Zeit für uns gekommen ist, nach allem, was ihr uns bisher lehrtet und sagtet – und mehr noch: Der, von dem ihr sprecht, deren stiller Schüler ihr ward, ist er der, der ohne Verwandtschaft aller Geschlechter ist?"

Maria, die Geächtete, antwortete: „Donata, du selbst bist Mutter und weißt, wer deine Mutter war. Jede Mutter kennt ihr Kind und das Kind seine Mutter, so war es auch bei ihm. Aber mehr noch kam dann die Taufe am Jordan, da kam er zu ihm, an den wir alle unsere Gebete und Worte richten, aus den Himmeln und den Hierarchien."

Saturnina, die beiden still zugehört hatte, sagte: „Heißt das, der Logos?"

Maria nickte.

So entstand nach und nach ihre Gemeinschaft, die erste Roms.

Josef, der Richter, und Maria , die Namenlose, gingen weiter, sie hatten eine innere Mission. Bevor ihr Weg sie von Rom aus nach *Aquitanien* weiterführen sollte, fragte Donata: „Bitte sagt uns: Was unterscheidet euch von den anderen Jüngern des Herrn?"

Maria antwortete ihr: „Es ist der Sonnenkreis der verschwiegenen, fast unaussprechlichen Bedeutung und der des guten Landes im Inneren. Jeder der anderen Jünger kennt seinen unumkehrbaren Weg, und du deinen. Ihr beginnt die Sonne mit anderen Augen zu sehen."

Aus der Chronik jener Zeit

Petrus kommt nach Rom im Jahr 44 n. Chr.

Enthauptung Jakobus des Älteren in Jerusalem im Jahr 44 n. Chr.

Zeit der Säkularspiele in Rom im Jahr 47 n. Chr.

Petrus reist zum Konzil der Apostel in Jerusalem im Jahr 48 n. Chr.

zweite Vertreibung der Judenchristen aus Rom im Jahr 49 n. Chr.

Petrus kommt Ende 49 vom Konzil nach Rom zurück.

Der spätere Nero wird von Kaiser Claudius adoptiert.

Gestalten mit historischem Bezug

Nero, wird als Thronanwärter adoptiert.

Kaiser Claudius, regiert von 41 bis 54 n. Chr.

Petrus, Apostel.

Ananias ben Nedebaios, Hohepriester aus Jerusalem vor 59

Aquila Pudens, Senator, in deren Anwesen am Esquillium Roms ist das Haus, wo die Gemeinde wirkte

Jakobus der Ältere, Apostel, wurde 44 n. Chr. enthauptet (erster christlicher Märtyrer).

Herodes Agrippa, König von Palästina, der den Kaiserthron Roms anstrebte.

Meddix, eine Art Beamter, der für ein Jahr gewählt wurde als Heerführer, Richter, oberster Priester.

Römische Orte und erhaltene Schriften

Tabula Bantina – in oskischer und lateinischer Sprache verfasste Schrifttafel der Osker, aus der Volksgruppe der Donata.

Tempel des Aesculapius – Hier wurden kranke oder sterbende Sklaven abgelegt.

***Portus Romae* –** der neue Hafen Roms, den Kaiser Claudius anlegen ließ.

Tiberhafen – ältester Hafen Roms, noch aus Zeiten Alba Longas.

Alba Longa – sagenhafte Mutterstadt Roms etwa aus dem 8. Jh. v. Chr.

Mauretania – römisches Herrschaftsgebiet (Algerien).

Lykien – römisches Herrschaftsgebiet (Südkleinasien).

Sibyllinische Bücher – deren älteste Sammlung, geht auf die Zeit 640–560 v. Chr. zurück (Griechenland). Sie wurden nach 376 v. Chr. als synkretische Verschmelzung griechischer und römischer Staatsreligion angesehen.

2. Teil – Das Sakrament des abwägenden Verstehens

18. Abschnitt

Ja! Es ist wahr, es war wahr, vom Äquator aus war *Alba Longa* weiter nordwestlich als die Stadt Davids in Judäa, die näher und südöstlicher lag.

Sie war aber die, bis zu der manchmal die Winde den gelben Sandstaub der arabischen Wüste vor sich hintrieben, über jene unendlich langen Wege zwischen Damaskus und der Stadt Davids, auch Jerusalem genannt. Wege, so alt, dass niemand mehr hätte sagen können, wer sie zuerst gegangen war, wer dann und warum. Für diese Wege schien die Zeit keine Bedeutung zu haben.

19. Abschnitt

Und doch war es so, dass zwischen den Stunden, die dem Tag zuzurechnen sind, und denen der Nacht es eine kleine Zeit gab, die weder der Nacht noch dem Tag zugehörte. Und genau in dieser Zeit erreichte ein sehr, sehr alter Mann, den Eingang der Katakomben am Zionsberg der Stadt Davids.

Sicher war, dies war sein letzter Weg in dieser Welt. Seine gekrümmten Hände hielten noch den leinenen Sack über seinen Schultern, die sonnengegerbte Haut seines müden und eingefallenen Gesichts hielt noch dem Staub stand, seine rotgeränderten Augen blickten aufmerksam auf das, was er sah, wenn auch die müden Beine und der gebeugte Rücken seinen Körper langsam gehen ließen. Sein altes, staubiges Gewand von undefinierbarer Farbe, das Atmen, das ihm manchmal schwerfiel, ließen erahnen, er war bald am Ziel. Die erste Stunde, die zur Nacht gehörte, begann.

Er setzte sich auf die Steinquader vor die verwitterte Eingangspforte, die zu den Katakomben führte. Er war erschöpft und wartete. Zog später seine kleine Schale hervor und streckte sie, wenn jemand dort vorbeiging, ihm entgegen. Zwei Juden in dunklem Festgewand blieben kurz stehen und zeigten auf ihn. Er hörte sie sprechen.

„Ein Bettler, zu dieser Zeit unseres Feiertages, der hat nie ein Priestergewand getragen."

Dann trat einer von ihnen näher an ihn heran und befahl mit lauter Stimme: „Verschwinde! Verschwinde von diesem Ort, sofort!"

Die Hände des alten Mannes begannen zu zittern, sein Mund war trocken, er konnte nicht sprechen, sah mit flehenden Augen hoch zu ihnen, neigte dann seinen Kopf.

Der andere der Juden sagte: „Lass uns gehen, Bruder, auf uns wartet das Mahl."

So gingen sie weiter.

Dass es bald, bald geschähe, dachte der Bettler. Woher kam er? Er kam aus der Siedlung, wo Saulus einst die gefangenen Christen teilte. Wer war er? Ein Vater! Was wollte er?

Er hatte in innerlichem Gebet immer wieder Gott gebeten, dass das, was man ihm erzählte, wahr war, dass er sich zu seinem letzten Weg entschloss. Dass wahr war, dass von jenen, die in den unterirdischen Katakomben des Zionsbergs in der Stadt Davids ihre Gebete sprachen, der eine war, der nach Rom ziehen wollte. Auf ihn warten, das wollte er. Sein Atem war unregelmäßig, seine Lider schwer.

Durchhalten, durchhalten, sprach es in ihm.

Da öffnete sich die verwitterte hölzerne Tür zu den Katakomben. Mehrere dunkel gekleidete Frauen und Männer gingen eilig an ihm vorbei, ignorierten ihn.

Plötzlich stand einer vor ihm, wollte eine Silbermünze auf seinen Teller legen, da streckte der Alte seine Hand vor, dass sie den Teller überdeckte.

„Was ist dir", fragte ihn der breitschultrige, hochgewachsene Mann und nahm seinen Reisesack mit kräftigen Armen von den Schultern, legte ihn nieder und kam näher an den Alten heran, um ihn besser zu verstehen.

Mit brüchiger Stimme, fast leise, fragte der ihn: „Wem dienst du?"

„Gott diene ich", sagte der Mann schlicht.

„Du bist der, der nach Rom ziehen wird?"

„Ja", sagte der Mann.

Dem Alten traten die Tränen in seine müden Augen, das sah auch der Mann. Abermals fragte er ihn: „Was ist Dir, Bruder?"

Der Alte fasste sich wieder und sprach: „Dies ist mein letzter Weg, ich werde sterben. Der Weg nach Rom, nur so es Gott will, wird auch dein letzter sein. Aber nimm dies mit, bitte nimm es mit."

Daraufhin zog der Alte aus seinem Sack etwas kleines, in Leinentuch Gewickeltes hervor. Der Mann nahm es behutsam entgegen, seine Hände öffneten das Tuch: Es waren zwei tönerne Scherben, überzogen mit kunstvollen Ornamenten.

„Gib es in Rom meinen Töchtern, denn ich bin gewiss, sie sind da, noch nicht in der dunklen Welt des Todes. Es sind Scherben des Gefäßes, aus dem sie als kleinste Kinder ihr Wasser zu sich nahmen. Sie sind in Rom."

„Aber wer bist du?" stutzte der Mann fragend.

„Als Saulus durch unsere Siedlung zog, im Jahr 33, waren sie bei jenen, die er nach Rom als Versklavte schickte, viele andere wollte er – weil sie Christen waren – in Jerusalem anklagen lassen. Dies ist ihr Erbe, denn alles sonst wurde zerstört oder uns genommen. Ich bin Vater, ihr Vater".

Dann sah er den Mann mit sehr klaren und hellen Augen an, ihre Blicke trafen sich.

Der Mann erkannte einen Augenblick, dass da noch ein anderer sprach. Dann sagte er: „Ja, ich werde es tun, auch wenn ich es noch nicht verstehe, aber ich will es verstehen. Gott segne dich."

Den Tod dieses Alten zu beschreiben, verbietet sich. Sicher ist, er starb nicht vor der verwitterten, hölzernen Tür zu den Katakomben. Sicher ist auch, er wurde nach seinem Tod, gekleidet in einem Priestergewand, in die Katakomben getragen.

Gewiss ist, dass die beiden schwarzgekleideten Juden, als sie von ihrem Mahl, was ihnen nicht bekommen war, auf dem Weg zurückgingen, sich fest vornahmen, ihn von dort hinaus in die Nacht zu vertreiben; dass der Jähzorn den einen durchfuhr und er mit all seiner Kraft gegen den Felsenquader trat, auf dem der Alte gesessen hatte. Er war fort. Der andere Jude riss seinen hinkenden Freund am Arm und schrie: „Dieser Fels gibt nicht nach!"

Der Mann, der die unterirdischen Zionskatakomben verlassen hatte, fuhr von Haifa aus über das Meer. Einige Tage später ließ er sich an der Landspitze von Felice Circeo vom Küstenschiff aus an das Ufer bringen. Als dessen Bug knirschend auf dem Ufersand aufsetzte, war er kurz vor Rom, am Sitz der Cäsaren. Er traf am Strand bald danach auf jenen stillen Fischer, begrüßte ihn, sprach mit ihm und er mit ihm, wie mit einem, dem zu vertrauen nicht schwerfiel. Der Fischer lud ihn ein, für zwei Tage zu bleiben.

Der Mann half dem Fischer, und als dieser sah, mit welcher Geschicklichkeit er die Netze neu vermaß, sie verwob und reparierte und wie er zusammen mit ihm den nächtlichen Fang zubereitete, um ihn am Tiberhafen Roms zu verkaufen, nahm er ihn mit dorthin; noch im Dunkeln nahmen sie den Weg auf See.

Er fasste Vertrauen in ihn. Während der letzten Stunden, die zur Nacht zählten auf der ruhigen See, erzählte der Fischer von dem größten der Stürme, den er erlebt hatte, und von den drei Frauen im April des Jahres 33. Für sie – und für die eine besonders – bat er, eine kleine Gabe zu übergeben, die er ihm verpackt überreichte. Er bat ihn, sie jetzt nicht öffnen, erst wenn er sie getroffen haben würde.

Der Mann nahm es an und sprach: „Ich gehe in eine Welt der Unsicherheit; sie begann wohl an demselben Tag, von dem du mir erzähltest, auch für mich."

Als sie im Tiberhafen ihr Boot vertäuten, dort wo die Fischerboote lagen, fasste der Fischer den Entschluss, ihn zu fragen, ob er auch Fischer sei.

Der bärtige, ruhige Mann antwortete: „Ja, von dem See Genezareth in Judäa."

Dann tat er etwas, was den Fischer überraschte: Der Mann segnete ihn.

So kam er im Jahr 44 im Tiberhafen, der schon zu Zeiten Alba Longas bestanden hatte, an.

Bevor er die aus dem Hafen fortführende, steinigen Gasse hinaufging, verweilte er, blieb stehen. Er setzte sich auf einen der breiten Ufersteine, sah versonnen auf das, was er sah. Schatten fielen, von den Menschen, den Tieren, den Lasten, mit denen sie an ihm vorbeieilten.

Grell waren die Rufe der schwitzenden Sklaven, auf deren Rücken die Sänfte auflagen, in denen sich die anmutigen Herrinnen räkelten. Hell und lärmend klangen die Stimmen der in Lumpen eingehüllten Kinder, die an Ecken und großen Kisten herumlungerten, aufsprangen, fortliefen und sich wieder in den Staub der Straße setzen und dort ihre Spiele weiterspielten. Unentbehrlich war ihm auch, sich noch einmal umzuwenden. Er sah in den ruhig dahinfließenden Strom des Tiber, erkannte, dass es anders nicht möglich war, wie es war, dass er jetzt hier saß.

Erinnernd sah er das Angesicht des alten Vaters, sein merkwürdiges Geschenk. Auch die fast bange Frage des Fischers hörte er erneut: *Wer seid ihr?* Tiefer und tiefer gingen seine Erinnerungen zurück, bis zu den Fragen des Herrn und seinem Versagen.

Der Wind von See nahm wieder zu, die Wolken versperrte vereinzelt der Sonne Licht; so, im Schatten des Lichts, zeigte sich der Staub der Straße gelblich. Er stand auf, legte seinen Reisesack über seine kräftigen Schultern und ahnte. Dann spürte er das Steinige, den steinigen Weg unter seinen Füßen. Der führte ihn zunächst zu dem Haus am Esquillin- Hügel. Die Ornamentik an einer der Eingangspforten zeigte ein Kreuz. Er klopfte. Donata öffnete ihm.

Sie sah ihn an. Er sah sie an. „Wer seid Ihr?“, fragte sie.

Er sah sie mit freundlichem Blick an. „Ihr könnt es nicht

wissen, Frau, und wisst es doch ... ich bin *Petrus*".

So geschah die erste Begegnung, sieh geschah nicht im Dunkel der Nacht, nicht in der Helle des Tages, sie geschah ganz unbemerkt in der Zeit dazwischen und in Rom, denn hier war er angekommen.

Und wisst es doch ... Was bedeutete das, fragte sich Donata.

Nicht die römische Sprache war es, die Petrus noch nicht ganz beherrschte und derentwegen Jonatan es ihnen übersetzte, nicht der Widerspruch seines stillen Wesens zu den ergreifenden Worten, die sie alle unmittelbar trafen und sie immer verstanden. Noch etwas anderes war es, was sie bewegte, wenn sie wieder und wieder in sich erinnernd hörte: *Und ihr wisst es doch ...*

20. Abschnitt

Rau war die Wirklichkeit, es war Wirklichkeit.

Sie alle standen um die Karte des Imperium Romanum in dem großen Raum des Palastes des Senators. Er zeigte auf das südwestliche Land von Rom, die iberische Halbinsel.

„Erst wenige Jahrzehnte ist es her, und fast 200 Jahre brauchten die Iberer, um Rom anzuerkennen als das, was es ist. Hier sei er zwei Jahre gewesen und habe gewirkt im Namen des Glaubens," sprach *Aquila Pudens*.

Petrus war erschüttert, als der Senator ihn dann fragte: „In der palästinensischen Provinz, so wurde berichtet, ist jemand enthauptet worden, im Jahr 44, sein Name war *Jakobus der Ältere*, er sei geboren am See Genezareth. Wer war es?"

„Herr, was sagt ihr da?“, rief der sonst so ruhige Petrus erregt aus; alle sahen, wie er in sich erzitterte. Petrus schwieg dann.

Innerlich betroffen sagte er nach einer kleinen Weile zu dem Senator: „Auch diesem zunächst Sinn entbehrenden, was an Jakobus geschah, suche ich Sinn zugeben, Herr. Eure Frage will ich beantworten.“

Petrus sah innerlich vieles vor sich und erzählte:

„Mit einem Male war sie wieder da, jene einmalige Würde, mit der der Herr uns bat, mit ihm zu gehen auf den Berg Tabor. Das waren Jakobus, des Herrn Bruder und ich. Das Antlitz des Herrn erstrahlte gleich der Sonne, er selbst an der Grenze des Durchsichtigen, und im schattierenden Leuchten standen Moses und Elias neben ihm, und wir hörten: *Dies ist mein Sohn, den ich liebe.* Uns war es die erste Offenbarung. Ja, Jakobus war dabei, wie auch bei anderen Ereignissen, und er ging später nach Iberia und kehrte zurück.“

Petrus hatte auf seine Art genug gesprochen.

Nun erkannte Donata, was er gemeint hatte, als er ihr sagte: *Und ihr wisst es doch ...* Er war einer der Apostel des Herrn, und Jakobus war der erste, mit dem dies geschehen war.

Donata, Hilaria und Saturnina ahnten es nach und nach, dass Petrus, anders als Jonatan, viele Handlungen aus sich heraus tat. So lehrte er sie, was es mit dem Kelch und dem Brot auf sich hatte, und das Schaffen des Neuen aus dem *Anfang* heraus, dessen sie inwendig selbst gewahr wurden und was tatsächlich geschah.

21. Abschnitt

Petrus hatte es nicht vergessen, er gab Rustica und Paulina die eingewickelten Scherben.

„Was gebt ihr uns da?“, fragte Paulina.

„Es ist von jener Karaffe, aus der ihr als kleinste Kinder am Anfang eures Weges trankt. Diese Scherben blieben“, antwortete er.

„Woher wisst Ihr das?“, fragte Rustica und hielt die ornamentgeschmückte Scherbe gegen das Licht, als wäre sie durchsichtig.

„Euer Vater vertraute sie mir in Jerusalem an.“

„Unser Vater?“, erschraken die beiden, „aber, …?

„Ja“, sagte Petrus, „er nahm den beschwerlichen Weg auf sich nach Jerusalem und gab sie mir, damit ich euch euer Erbe bringe.“

Paulina nahm die Hand von Petrus in die ihre, sah ihn an: „Danke, dass du dich unseres Vaters annahmst, uns dieses von ihm gabst. Eins ist noch in mir: Du brachtest uns das zurück, was Saulus der Feldherr uns nahm, ein Stück unserer Heimat.“

22. Abschnitt

Die Zeit der großen Spiele in Rom – jedes Kaisers erhabene Pflicht war es, sie abzuhalten – ließ Umgestaltung nach Umgestaltung beginnen. Das archaische Stadion wurde tiefer gelegt, mit dem Erdaushub erhöhte man den flachen Südwall, im Norden der Laufbahnen zu den Throntribünen hin wurde Erde aufgeschüttet. Nach Westen, in Richtung der Emporen der Chöre, war das Stadion offen. Etwas abseits entstand, ganz in dorischem Kanon, noch ein kleiner Tempel, der *Meter Theon,* der Tempel der Göttermutter. So kam eine Trennung zwischen Heiligtum und Wettkampfstätte für die Gladiatorenspiele zustande, und die Spiele verloren ihren kultischen Bezug.

Was ging in der Seele des Siegers vor, wenn er hier gewann? Er hatte alle anderen im Kampf hinter sich gelassen, in den Staub der Arena geworfen oder sonst wie getroffen. Wer in diesen Kämpfen als Sieger hervorging, der war der Stärkere, der Größere, war der Liebling der Massen und begleitet von Gesängen der Chöre, der Flöten und Trommeln hielt er den abgeschlagenen Kopf seines Gegners gleichgültig in seinen Händen, sich vor dem Cäsar neigend.

23. Abschnitt

Gleichgültig gegenüber allen Fragen von Bedeutung schien auch das nachtdunkle, eiskalte Universum über dem Meter Theon. Donata, am Tempel der Göttermutter stehend, blickte hinauf zu ihm, dessen Grenzenlosigkeit ihr Empfinden völliger Gleichgültigkeit noch ins Unermessliche steigerte. Sie aber wollte nicht abgewiesen werden von diesem abweisend Gleichgültigen.

Da erinnerte sie sich der Worte Marias, der Namenlosen, und was Paulus über Jakobus gesagt hatte. Er war enthauptet worden. *Warum?*, fragte sie sich. Und warum gingen die beiden, Maria und Josef, der Richter, nach Iberia?

Als sie mit Hilaria schweigend zurückging, fasste sie den Entschluss, mit Petrus zu sprechen.

Petrus war demütig, aber seine Seele umfänglich erwacht. Er schwieg, er hatte auf seine Art genug gesprochen über

Erniedrigung und Größe, als dann in der Nacht die beiden angehört hatten, was er ihnen noch zu Jakobus gesagt hatte.

„*Herodes Agrippa,* der König von Judäa, befahl es, weil zuvor *Abjathan*, der Hohepriester, Jakobus als Anführer eines Volksaufstandes beschuldigt hatte, den er selbst veranlasst hatte. Jakobus verkündete in *Samarah* und *Iberia* die Gottesbotschaft, heilte vielfach und heilte den *Schwarzmagier Hermogenes* am Königshof. Das alles genügte dem judäischen König nicht, um sich seine Frage zu beantworten: *Wer ist der Größte?*"

„Willst du sagen, dass Jakobus größer als dieser König war?", fragte Donata.

„Nein", sagte Paulus, „aber Jakobus war die Größe der Gnade des Herrn durchsichtig, er selbst war voller Einfachheit und Demut. Ihr ahnt es", fuhr Petrus fort, „nicht gemeint ist die Größe des Imperium Romanum, wie wir es auf der Karte des Senators sahen, mit seinen wichtigsten Provinzen Ägypten, Gallien, Iberia und Syrien. Es ist auch nicht gemeint, was *Herodes Agrippa der Erste* in Judäa will, ein Reich vom Glanz Gottes in weißem Marmor errichten, im Glauben, dass *Cäsar Augustus der Große,* der vom Himmel gesandte Gott-Mensch war und angeblich alleine zu seinen Ehren."

„Aber war er das?" fragte Hilaria.

„Nein", sagte Petrus, „Cäsar Augustus sprach von sich selbst als *der Erste*, der erste Bürger. Er war der Imperator, der Führer des Heeres. Dass so mancher Statthalter ihn als Heiligen verehrte, bedeutete ihm nichts.

„Und wer war Jakobus", fragte Donata.

„Einer … wie ich", sagte er.

24. Abschnitt

Ein Hauch des frühesten Blau, nur eigentlich ein Schimmer davon überzog sie. Klein und ebenmäßig, wie feinstgeschliffen geformt war sie. Das Meer, das unendlich weiter wirkende, hatte sie dort hingelegt, nirgends sonst. Um es immer und immer wieder zu überspülen, zeitlos und lang, sonst sprach niemand zu ihr. Bis die salzriechende Hand sie aufhob, sie damit dem Wasser des Meeres entzogen war.

Wert hatte sie nicht. Aber die warme Hand gab sie ihr. Jetzt hielt sie Saturnina in der ihren: eine Perle. Das Andenken, das Geschenk des Fischers und seiner Frau an sie.

Petrus, sah ihr zu. Sie schaute ihn an. „Dies ist ein Zeichen …, und ich war es ihnen wert“, sagte sie. Sie sah ihn wieder an. „Was bewegt dich?“, fragte sie ihn.

„Saturnina, es ist ein Zeichen, nicht die Perle für sich, aber der Wert, den du ihr beimisst. Es ist wie beim Logos, auch er hat nur den Wert, den du ihm beimisst. Er wächst in dir, wie die Perle es im Meer tat. Die Fischerleute sahen sie, nahmen sie in ihre Hände und erkannten, dass sie dir wert sein könnte.

Nimmst du den Wert an, den sie ihr beilegten, und vermehrst ihn um deine Erinnerung an sie, an das, was dir widerfuhr, wirst du dieser Perle vielleicht deine unausgesprochene Dankbarkeit und Liebe beilegen, dann wächst sie. So ist es auch mit dem Logos in dir.“

25. Abschnitt

Saturnina war es, die Jonatan sagte: „Sie sind da."

Aufgebrochen waren sie, als der Frühlingsvollmond über Jerusalem stand, in Rom kamen sie am Versöhnungstag an. Wieder waren es die zwei, die Jonatan schon einmal besucht hatten: die dem Hohepriester Ergebenen – der aber nicht mehr Kajahas, sondern *Abjathan* hieß.

Wieder die rituelle Begrüßung, wieder ging es um die Reinheit der Lehre und um die Frage, ob Christen zu seiner Gemeinde gehörten, dem Plan für die Synagoge und diesmal auch um die hinkende Frau. Damit fing einer der Gesandten Abjathans an.

„Du sagtest uns ehemals, ihre Ahnen seien hellenistisch, sie verehre das Wort." Jonatan nickte. „Aber was bedeutet dir das?"

Jonatan sah dem Gesandten fest in seine Augen. „Es bedeutet, dass wir friedlich nebeneinander leben, sie gehört zu den sizilianischen *Elymern,* ist Mutter, Witwe und eine freie römische Frau."

„Jonatan, du bemerkst, da tritt ein immer schon vorhandener Gegensatz auf zwischen deinem Verständnis und dem unsrigen, uns sind deine Worte reine Torheit!", stellte der Gesandte fest.

"Wollt ihr mich in die Enge treiben?", fragte Jonatan nach.

Darauf aber gab der Gesandte ihm keine Antwort. Stattdessen, begleitet von zynischem Lächeln, sagte er: „Ich möchte verstehen, was diese Frau unter V*erehren des Wortes* versteht. Hol sie, ich will sie befragen!"

Saturnina kam herein, sie hinkte. In ihren hellbraunen

Augen lag der gleichzeitige Schein zwischen innen und außen, der der Gegenwärtigkeit, mit dem sie den Gesandten ansah.

Sie war nicht kleiner als er, aber feingliedriger von Gestalt. Ihr haselnussfarbenes, langes Haar war nach hinten gebunden, sie wirkte beherrscht. Das einfache, römische Gewand von zart ockerfarbenem Ton und ein gleichfarbiger Gürtel kleidete sie. An ihren Füßen und Knöcheln trug sie hochgebundene Sandalen.

Der Gesandte legte sich auf sein Lager und ließ sie stehen. „Wie Jonatan uns sagte, verehrt ihr das Wort, Frau?" begann er. Saturnina sah ihn ruhig an, bevor ihr *Ja* ertönte.

„Ungewöhnlich und unerwartet ist es für mich, mit einer Frau über das Wort zu sprechen, und für euch eine Ehre", sagte er und fuhr fort: „Was bedeutet es Euch?"

Saturnina antwortete, sie tat es deutlich und langsam: „Herr, gegenwärtig ist mir, dass ihr mich eher beschämen wollt als ehren und euch das Wort nichts als ein grauer Raum ist. Doch das Wort ist jenseits davon, es ist größer und von außergewöhnlicher Macht und zweifellos über den Geschlechtern stehend."

Habt ihr noch mehr dazu zu sagen?" fragte er, begleitet von einer abschätzigen Geste. „Nein", sagte sie und verließ den Raum.

Jonatan fand sich nach dem Gespräch allein. Er war nicht einsam, aber allein. Noch nie hatten die Gesandten so dringlich zu ihm gesprochen, ihn so quälend befragt. *Sind Christen in deiner Gemeinde?* Sie wussten von Petrus.

Bevor die Gesandten die Stadt verließen, sah man sie noch in ihren schwarzen Röcken bei manchen Krämern, Händlern und bei den Sklaven an den Aquädukten stehen.

26. Abschnitt

Jonatan war sehr sprachbegabt, aber nicht genialen beweglichen Geistes, eher langsam und befangen.

Er war in einer judäischen Lehmhütte groß geworden und hatte die Eigenschaft zu erröten, wenn er vor mehreren Menschen zu sprechen hatte – was ihm die Herzen vieler einbrachte und auch die Anhänglichkeit seiner Nächsten, das waren die Gefährtinnen.

Eine hoheitsvolle und zugleich gütig leuchtende Menschlichkeit, seine unbedingt herzensvolle Treue und seine Redlichkeit war das edle Römische an ihm geworden. Das führte zu den Gegensätzen, die er in sich schmerzlich spürte, zwischen sich und der machtbeflügelten Klugheit des Abjathan und seiner Gesandten.

Die jüdische Gemeinde wuchs, aber er, der dem geschriebenen Wort, den Gesängen und der Weisheit der Thora entstammte, merkte, dass sie sich nicht entzweien durften, die Gefährtinnen und in anderer Weise auch Petrus. Als Saturnina wieder in den Raum trat, brach es aus ihm heraus: „Weißt du,“ sagte er „ich bin hilflos und verstehe nicht, warum sie das wollen.“ Das war ihm Jahr 47.

Wie es Jonathan später erzählte, war das sich daran anschließende Gespräch mit Saturnina wie eine Antwort auf den Notstand, in dem er sich befand.

Sie sagte: „Die ablehnende und herablassende Haltung wird erst dann überwunden, wenn das Losungswort vom Gegensatz zwischen ihrer erblindeten Machtfülle, die zwar weiß, das wir Christen sind, die aber nicht weiß, *wer* Christus ist, aus der Welt geschafft wird. Immer wieder ist da die Flamme des inneren Verstehens, des anderen Verstehens. Es ist ein schweigender Sturm beschleunigter Zeit, der uns vibrieren lässt; denke an das, was Maria, die Namenlose, über ihn gesagt hat."

27. Abschnitt

In einigen Landesteilen herrschten Hungersnöte, auch in Rom, deren Bevölkerungszahl fast eine Millionen ausmachte. Es fehlte an Getreide, besonders an Weizen.

Der schiffbare Kanal, entlang dem Tiber, zum neuen größeren Hafen, dem Portus Romae am tyrrhenischen Meer, war noch nicht fertig. Die erhoffte bessere Getreideversorgung war noch nicht sichergestellt, trotz der Regentschaft über die Länder des Mittelmeerraumes, so über Mauretania, Lykien, Tharkien, Aypten, bis nach Südbritannien.

Der Fuciner See, zwei Tagesmärsche vor der Stadt, war auch noch nicht entwässert und dessen Trockenlegung für neues Ackerland nicht abgeschlossen, trotz eines mehrere Kilometer langen Entwässerungstunnels durch den *Monte Salviano*, bereits neunjähriger Bauzeit und 30.000 Sklavenhänden.

Die Aquädukte *Anio Novus* und *Claudius* innerhalb Roms waren auch noch nicht vollständig ausgebaut. Aber durch den Staub der neu angelegten Straße, der *via Claudia*, bis hoch nach *Gallien,* und vieler anderer Wege zogen bereits Karren und Karawanen von Händler und Krämer aus allen Provinzen des Reiches.

Den Gärten der Paläste war die absteigende Schönheit unendlich blühender Sträucher, Zypressen und Palmen zu eigen und die glitzernd aufsteigende Schönheit der Wasserspiele.

An den Hügeln wurde abgeholzt, und hölzerne Profile stützten die Gefälle hinab zum Tal hin. In flacheren Landschaften wurden die Gärten mit Zitronen- und Olivenbäumen bepflanzt, und kleine Wäldchen reichten bis zu den weitläufigen Volieren. Eine Atmosphäre von langanhaltendem Frühling lag über der Stadt.

Wären da nicht diese Frauen und Männer gewesen; viele waren es nicht, sie kamen fast jeden Morgen zu dem fast unterirdischen Schweigen der bizarr endlosen Katakomben. Diese verirrten Seelen schienen zwischen zwei Welten zu schwanken, standen dort, wo sie am Abend zuvor ihren Platz an den hölzernen Eingangspfeilern verlassen hatten. Sie blickten ins Leere oder starrten auf die verlassenen Leiber der Sklaven, der Freigelassenen, die einst diese Gärten, diese Bauwerke stumm angelegt hatten und dort abgelegt waren.

28. Abschnitt

Der ehemalige Sklave und junge Zenturio Timotius kam im Jahr 48 zurück nach Rom.

Er hatte oft in der ersten Reihe gestanden und das Gefühl der Macht Roms erlebt. So in dem Schweigen, das eintrat, wenn die Feldherren der Legionen alles gesagt hatten und sich eine endlose Wand glänzender Schilde auf dem Schlachtfeld dem Feind gegenüberstellte. Erlebt hatte er, wie vor diesem Anblick feindliche Truppen wie auf ein Kommando die Waffen niederlegten.

Erlebt hatte er auch, wie das undurchdringliche Brustschild eines Hauptmanns durch die ungeheure Wucht nur eines einzigen scharf beschliffenen Steines zerbarst und der

Hauptmann in seinen Armen starb. Erlebt hatte er auch die Ohnmacht, wenn Kohorte um Kohorte im heißesten, blind machenden, arabischen Wüstenwind verschwand und nie mehr zurückkehrte auf den kriegsgebeutelten Wegen.

Auch den alltäglichen Geruch von Feuern in den Feldlagern, die unerklärlichen Laute der erschöpften Tiere an den nächtlichen Zelten, die gedankenverlorene Liebe zu den Waffen und den ungezügelten Ehrgeiz der Heerführer sowie schließlich die zur Habgier ausartende Freude an fremden Reichtümern. Das alles hatte ihn nicht jünger, eher ernster gemacht.

Da kam bald der Feldherr auf ihn zu, bat ihn mitzukommen. Timotius wurde an diesem Tag in die Prätorianergarde abbefohlen. Ihm wurde gesagt, was das hieß; es hieß, sein Leib und sein Leben alleine zum Schutze des Kaisers einzusetzen, und bald bekam er Befehle. So erzählte es Jonatan später.

29. Abschnitt

Hilaria fragte, bevor Petrus abreiste: „Sag, hat der Herr euch etwas befohlen? Und dir dieses, was du tust?"

„Nein", sagte Petrus, „der Herr war mir wie ein geistverbundener und längst, längst vermisster Bruder. Weil der Herr wirkte und wirkt und wirken wird, nie nur im Gestade des Nur-Irdischen."

Dann überkamen ihn sinnende Erinnerungen, bei denen er verweilte, bevor er dann fortsetzte: „Auch dir als Priesterin stelle ich eine Frage: Hat die, der du dienst, der Isis-Sophia, die ist die Heimat und das alles umschließende Erbarmen, für alles und alle im Kreise des Seins, hat sie dir befohlen, das, was du tust, zu tun?“

„Nein“, sagte Hilaria, „sie ist mir so, wie du es so wahr ausgedrückt hast. Sie befiehlt nichts, sie gibt mir durchscheinendes Erkennen, eben das, das mir möglich ist.“

30. Abschnitt

Rustica, Paulina und Jonatan begleiten Petrus zum Hafen. „Was wirst du tun?“, fragte Jonatan ihn.

„Ich werde den treffen, der vorher Saulus hieß – jetzt heißt er Paulus von Tarsus –, Johannes und noch andere der ersten Gemeinde, und ich werde Juden und Hellenisten treffen, alle, die dem Herrn als das, was er ist, verbunden sind. Doch es gibt auch Probleme ...“

Noch bevor er weitersprach, mischte Paulina sich ein: „Sagtest du eben Saulus …, der jetzt Paulus heiße?“

„Ja“, bestätigte Petrus.

„Willst du ihm etwas sagen von mir?“

Petrus nickte.

„So sprich zu ihm: *Ich, eine vom Joch der Sklaverei Freigelassene, sage ihm, das hohe, rote Pferd, auf dem er damals ritt, war zu hoch, um die Tränen in unseren Augen zu sehen. Ich bin ohne Hass, doch er möge nicht glauben, dass das Zeichen des Fisches, das uns verbindet hinter unserer Stirn, nur er allein trägt.*“

Petrus verstand. „Ich kehre wieder zu euch zurück.“

Damit verabschiedete er sich und segnete sie in seiner unwiederbringlichen Art, bevor er das Schiff bestieg und die drei zurückgingen. Das war im Jahr 48.

31. Abschnitt

Es gab drei Sorten von ihnen. Sie alle waren rund und gültig in der Stadt und in den Provinzen. Sie waren doppelgesichtig und unterschieden sich durch ihre Legierung in Gold, Silber und Kupfer: Denare genannt, die Währung des römischen Reiches.

Ein Zenturio bekam einen pro Tag. Der Preis eines Sklaven waren zehn Kupferne auf dem Sklavenmarkt, für ein Leben. Die Goldenen waren den kaiserergebenen Königen des Imperiums, der Aristokratie und dem Kaiser Roms vorbehalten.

Jonatan stand alleine in seinem Raum. Er besann sich. Was hatte der Hohepriester durch seine Boten gesagt? Was er sich selbst? Sich selbst hatte er gesagt, noch zu warten.

Er ging an eine der Truhen, nahm die Rolle der Zeichnung und das noch nicht geöffnete, blau schimmernde Kästchen in seine Hand, das sie ihm bei ihrem Besuch überlassen hatten mit der Weisung, beides zu übergeben. Er öffnete das Kästchen. In ihm lagen drei Reihen Golddenare. Er schloss es und legte es mit der Zeichnung in den Schrank zurück. In ihm blieb ein Konflikt.

Die Gemeinde wuchs. Die Hinzugekommenen – darüber war nicht nur Jonatan erstaunt –, die zur Religion Judäas Übergetretenen, sie kamen auch aus den orientalischen Religionen. Er war irritiert, und in Rom beunruhigte es manchen.

Eines Abends, Anfang des Jahres 49, kam Donata zu Jonatan. Sie begrüßte ihn, war noch selbst betroffen über die scheinbar brodelnde Gleichgültigkeit, mit der es die aristokratischen Römer ihr erzählt hatten, von dem sie ihm berichten wollte.

„Weißt du, Jonatan“, sagte sie, „... ich ahne es schon lange, dass die Anzahl der Juden so sehr zugenommen hat, dass Kaiser Claudius euch bisher eure Lebensweise ließ, aber alle Versammlungen verbot. Weil ihn allzu viel fremder Glauben irritiert, der der Orientalen, besonders aber der der Juden. Sie verlangen Schutz vor den Judenchristen, die an Jesus, den Christus, glauben, hier in der Stadt.

Was für einige Senatoren und den Kaiser nicht zu verstehen ist: warum dieser Glaubenskonflikt nicht von euch selbst gelöst wird. So werdet ihr alle vertrieben.

Denn der Kaiser will nach den Säkularspielen im Jahr 47, zu Ehre der Gründung Roms und zu seiner eigenen Ehre, viele der altrömischen Glaubensriten und Verehrungen wieder einzuführen“. Hier stockte sie, sah, dass der dunkelbärtige Jonatan plötzlich sehr blass wurde.

„Was ist mit dir?“

Beklommen antwortete er zögerlich: „Und der Hohepriester Jerusalems und seine Gesandten wollten, dass ich den Plan aushändige und ein Kästchen an den Kaiser gebe.“

„Wovon sprichst du, Jonathan?“, fragte sie völlig erstaunt.

Er erklärte es ihr.

„Das hätte nicht nur die bevorstehende Vertreibung bewirkt, sondern ganz sicher für viele den Tod,“ sagte Donata.

Jonatan sah sie zunächst verständnislos an, verstand dann plötzlich: Er, sie, alle waren in Gefahr.

„Es ist mir, als wäre uns eine innerlich schwelende Wunde beigebracht worden, Jonatan.“

Dann ging sie.

32. Abschnitt

Der Auxiliarsoldat der Prätorianergarde bekam vom Kommandanten den Befehl verlesen. Es war des Kaisers Befehl zur Vertreibung der Judenchristen. Dann hieß ihn der Kommandant: „... und beginne bald damit!“

Als Erstes und allein ging der Soldat dann in den Palast, um Senator Pudens aufzusuchen. Er erinnerte sich an diesen stürmischen Februartag vor dreißig Jahren, im Jahr 19, als Kaiser Tiberius herrschte. Damals hieß der Befehl *rücksichtslose* Vertreibung.

Jetzt im Jahr 49 war die Zeit einer Generation fast vergangen, und der Befehl hieß *Vertreibung*! Das machte für ihn ein Unterschied.

Er fand *Aquila Pudens*, salutierte und hob seine Hand zum Friedensgruß; der Senator erwiderte ihn, nahm dann aber den Soldaten beiseite, als wollte er ihn nicht dieser hitzig-eiskalten, intrigendurchsetzten Palastatmosphäre aussetzen.

„Eben bekam ich den Befehl, den ihr kennt, Senator. Was ist mit denen am Esquillin-Hügel?“, begann Lucus.

„Unterscheide, Lucus!“, sagte Pudens entschieden. „Sie sind es nicht, die den Zorn des Kaisers hervorrufen, die *Chrestus, Chrestus* brüllen und die Sklaven in Aufruhr versetzen.“

„Wer ist es denn, der eine ist doch ihr Rabbi?“

„Ja“, sagte Pudens, „Jonatan ist Rabbi und Jude, aber er fordert niemanden zur Aufruhr auf.“

„Wenn nicht er, wer dann?“, fasste Lucus nach.

„Ich weiß es noch nicht ganz genau“, sagte Pudens, „aber sah man sie nicht, die jüdischen Gesandten, Kupferne verteilen an den Ständen der Märkte, in den Weinschenken und bei den Sklaven?“

Der Soldat wurde still. Dann sagte er nach einer Weile: „Senator, ich muss den Rabbi vertreiben, halte mich nicht davon ab! Aber was, frage ich mich, ist mit jenen Frauen, die damals dabei waren, als du Timotius vom Joch der Sklaverei freisprachest. Sind sie auch Judenchristen?“

Pudens war sich des Ernstes der Lage bewusst, diesen Soldaten durfte er keinem Befehlsnotstand aussetzen.

„Lucus“, sprach der Senator, „führe deinen Befehl aus, aber tue es so.“

Und die beiden besprachen, was es hieß, *tue es so*. Denn sicher war sich der Senator, die Frauen mussten sich bald trennen und das Gebäude am Esquillin konnte ihnen nicht mehr dazu dienen, sich zu treffen.

33. Abschnitt

Das Haus am Esquillin war nur vom nächtlichen frostigen Wind umweht. Die schwere Tür fest verschlossen. Jonatan, er war noch im Inneren des Hauses, tat es. Tränen füllten seine Augen, als er sah, was er getan hatte. Dann kleidete er sich um, es war für länger. Ein letzter Blick wanderte durch den Raum, alles Vertraute sah ihn an, war es das letzte Mal? Er nahm seinen schmalen Reisesack und verließ das Haus durch einen wenig genutzten Seitenausgang.
„Ihr seht sehr verändert aus,“ sprach ihn die Stimme aus dem Dunkel an. „Ich erkenne es trotz der Dunkelheit. Aber schweigt, Rabbi Jonatan, sprecht nicht, denn an der Stimme seid ihr zu erkennen auf dem Weg, der vor uns liegt. Geht bitte jetzt langsam die Straße hinunter und mischt

Euch unter die anderen Juden, die dort stehen. Ich komme nach. Bin ich da, reiten meine Soldaten und ich neben dem Zug der zu Vertreibenden her vor den Haupteingang. Ich werde demonstrativ klopfen und feststellen, dass Rabbi Jonatan nicht mehr da ist. Es wird Proteste geben. Ich gebe dann den Abmarschbefehl.“

Die warme Hand Timotius’ hatte die ganze Zeit die von Jonatan gehalten. Sie ließen sich los, und Jonatan ging allein die Straße hinunter. Sechshundert, vielleicht viel mehr andere, in der Dunkelheit konnte er das Ende des Zuges aus Männern, Frauen und Kindern nicht erkennen, standen dort.

Er sah aus wie ein bettelarmer Jude, vielleicht ein schlechter Krämer, hatte weder Bart noch Haare auf dem Kopf, nur der Blick seiner von enttäuschter Müdigkeit und innerer Erschütterung dunkel gerundeten Augen war ernst.

Timotius ritt langsam auf seine Soldaten zu und rief so laut, dass alle es hörten: “Als Letztes ist unserer Kohorte aufgegeben, diese alle, und er zeigte auf die im Dunkeln stehenden Menschen, „und den Rabbi der Juden in Rom der Stadt zu verweisen. Er wohnt oberhalb am Esquillin-Hügel.“

Seitwärts ritten die bewaffneten Soldaten, und in der Mitte der Straße setzte sich der Zug in Bewegung. Vor dem Haus sprang Timotius vom Pferd, ging zum Haupteingang, klopfte mehrmals heftig und rief laut: „Rabbi Jonathan, kommt heraus!“

Das wiederholte sich dreimal, aber es blieb still. Die Menge brüllte zornig erbost: “Wo ist der Rabbi, der Schuld an allem hat? Nur er versprach uns, die Synagoge zu bauen!“

So schrien sie wieder und wieder, und dann wie schon so oft im Chor: „*Chrestus, Chrestus.*“

Timotius gab entschlossen den Befehl zum Aufbruch, das hatte er nicht erwartet. Die Soldaten kehrten die Pferde um und drängte die Menschen wieder hinunter zur Straße. Nach und nach verstummten die Schreie. Der Schritte wurden es viele auf der kopfsteingepflasterten Straße, dann auf den staubigen, breiten Wegen, die sie bis zu der Küste des tyrrhenischen Meeres führte. Als sie endlich die Küste und den neuen Hafen sahen, lag dort bereits eine entleerte, große Getreidegaleere für die Vertriebenen. Judäa war deren Ziel.

Auf der breiten Planke, die den Hafenrand mit dem Schiffskörper verband, kam es zu heftigen Tumulten. Viele wollten als Erste, andere gar nicht das Schiff besteigen. An der Reling standen wartend die Seeleute, es wehte ein günstiger Wind.

Die Soldaten schleppten, trugen und führten die Ausgewiesenen an Bord. Ziemlich als Letzter kam einer, ein in Lumpen gekleideter Judenkrämer, hatte weder Bart noch Haare auf dem Kopf. Er betrat die Rampe, und da fielen mit lautem Geschrei Timotius und ein anderer Soldat über ihn her und zerrten ihn zurück.

„Das ist der Rädelsführer, der, der immer *Chrestus, Chrestus* schrie. Den behalten wir hier, auf dass er verurteilt werde“, rief in befehlender Stimme, die alles andere einen Moment übertönte, Timotius.

Etwas Seltsames geschah dann. Vom Schiff flogen viele lederne Beutel, begleitet mit lautem Gejohle und Jubelschrei auf Timotius zu. Er war sich in diesem Moment sicher, das waren die wirklichen Rädelsführer. Bald danach wurde die Planke eingezogen, der Anker gelichtet, das Schiff setzte Segel. Verbunden mit kräftigen Ruderschlägen trieb es aus dem Hafen. Timotius nahm Jonatan geschickt mit auf sein Pferd, er und seine Soldaten ritten zu dem am Rande des Hafens gelegenen, kleinen Feldlager. Hier erwartete sie Lucus. Jonatan fühlte sich sehr erschöpft, aber sicher. Schweigend aßen und tranken sie etwas, bis Lucus begann: „Du weißt, du stehst unter dem Schutz des Senators, er verbürgt sich für dich. Timotius berichtete mir, dass die Juden vor dem Haus geschrien hätten, du wolltest ihnen eine Synagoge bauen. Ist es so, Jonatan?“

„Nein“, sagte er, „es ist anders. Wenn ich es Euch offenbare, so bitte ich Euch, es dem Senator zu berichten.“

Jonatan erzählte Lucus und Timotius, der bei ihnen saß, wie es wirklich war, nahm seinen Reisesack, öffnete ihn und legte ihm das Kästchen mit den Golddenaren und die Zeichnung hin. „Niemals“, sagte er, „habe ich darüber gesprochen, außer mit Donata.“

Lucus erkannte das ganze Dilemma, in dem sich Jonatan stets nach den Besuchen dieser Gesandten befand.

„Lasst uns einen Bericht an Senator Pudens verfassen, ihn siegeln, und wir geben die Beutel mit den Kupfernen, die Zeichnung und das Goldkästchen dazu“, entschied Lucus. So geschah es. In der Frühe des folgenden Tages ritt Timotius allein in Richtung Rom, all dies dem Senator zu übergeben. In der Frühe begann auch für Jonatan ein neuer Abschnitt in seinem Leben, wie er es später erzählte. Er wurde Seemann, aber nur im Hafen. Schon lange war es Pudens aufgefallen, dass die ägyptischen, mauretanischen oder lykischen Reeder die Getreidelieferungen sehr unterschiedlich bemaßen. So hatte er beschlossen, Jonatan als Wäger zu bestellen, weil diesem das Lesen dieser Sprachen und deren Maßeinheiten und Gewichte bekannt war. Zudem besagte ein Erlass des Kaisers, dass allen Seeleuten das Privileg des vorläufigen Bürgerrechtes zukam. Jonatan hatte es bisher nicht, doch um weiter geduldet zu werden, brauchte er es.

In den kalten, ersten Monaten des Jahres 409 führte die Vertreibung aus den Straßen, zu denen die auf Vorhöfen und in Gassen lebten. Die erste galt denen, die Chrestus, Chrestus brüllten. Die zweite dem Rabbi der Stadt und die dritte denen, die trotz des Verbots ihre Versammlungen abhielten.

Lucus stellte mehrere Kohorten zusammen. Eine davon vertraute er Timotius an, deren Einsatz vorbei war, als er Senator Pudens alles übergab. Der sagte wenig, nachdem er den ausführlichen Bericht gelesen und die Beweise gesichtet hatte. Dann sah er Timotius an und sagte: „Kehre zurück zu Lucus, sage ihm Dank!“

Nachdem in kurzen Abständen von nur drei Wochen noch zwei weitere judenchristliche Vertreibungen aus der Stadt erfolgt waren, wieder die Schiffe jene große, erste fertige Hafenmole und den Leuchtturm Portus Romae hinter sich in Richtung Judäa gelassen hatten, wandte sich Senator Pudens formell an den Kaiser als obersten Richter.

34. Abschnitt

Er stand ihr gegenüber wie in einem ungleichen Gladiatorenkampf. Der Römer mit dem brutal geröteten Gesicht, dem fast irren Blick und seiner schmucksüchtig glitzernden

Tunika. Er hatte beschlossen, er wollte sie zurück, würde sie sonst töten, drohte er.

Sie hatte sich zu anderem entschlossen.

Seine muskelbepackten Arme und seine Hände waren schon nah vor ihr, aber nicht nah genug. „Du bist Judenchristin“, brüllte er durch den Tempel.

„Nein“, sagte sie, ihn eisig fixierend, „ich bin Donata.“

Er ging, wollte nicht riskieren, sich mit den herbeigeeilten Tempelwachen anzulegen, denn das hätte sein Urteil bedeutet. Er war Sklavenhalter.

Immer wieder drangen sie wie jener dort ein, wollten die Sklaven zurückhaben, für die sie auf dem Sklavenmarkt zehn Kupferne gegeben hatten.

Am *Tempel des Aesculapius* wurden seit jeher jene Sklaven niedergelegt, die verletzt, krank oder dem Sterben nahe waren. Erholten sie sich dort wieder, waren sie frei.

Donata berief sich auf einen der berühmten Erlasse des Kaisers. Sklavenhalter dagegen, die ihre Sklaven lieber töteten als die Fürsorge für sie zu übernehmen, wurden als Mörder verurteilt.

35. Abschnitt

Hilaria, die wie alle aus den weiter südlich gelegenen Territorien Roms die Bürgerrechte hatte, sah dem letzten der vielen Vertriebenen nach. *Was bedeutet das?*, fragte sie sich. Sie erinnerte sich an das, wonach Priscilla sie einst gefragt hatte: *Macht ihr den keinen Unterschied zwischen Sklaven und denen, die sie beherrschen?*

Sie hatte mit: *Nein!* geantwortet, aber war es wirklich so? Sie wandte sich um und sah auf die wenigen Marmorstatuen ihm Tempel der Göttermutter, die ihn schmückten. Dazwischen war eine in rotgeädertem Marmor. Sie zeigte ein junges lichtes Gesicht. Dem Kopf aber fehlte die letzte Glättung, die Vollendung. Er sollte einen Sonnenstrahl aus Bronze tragen, das war angedeutet. Aber so blieb das Gesicht selbst doch im wahrsten Sinne unvollendet, nur roh skulptiert, fast verborgen im Stein waren Hände und Füße. Sie fragte sich wieder: *Was bedeutet mir das?* Sie war keine Vertriebene, aber eine Getriebene, auch von ihren eigenen Fragen.

36. Abschnitt

Pudens verfasste eine Klage, legte in ihr seine Gründe dar, fügte die Beweise an und endete mit der Frage, wie diese rätselhafte Macht des Hohepriesters Abjathan aus Jerusalem über die Juden Roms zu erklären sei. Ferner fügte er an, dass Chrestus, ein geläufiger Sklavenname sei.

Es verging einige Zeit, bis der Senator vom obersten Richter eine knappe Antwort bekam, in der es hieß:

Wisse Senator, die rätselhafte Macht und die irrlichtartigen Bestrebungen sind nicht angedacht, das Schicksalsglück zu lenken. Herodes Agrippa, der König von Palästina, streckt seine Hand nach Rom aus, nach des Kaisers Thron, und bedient sich des Hohepriesters und seiner Lakaien als Waffe. Deine Klage ist recht, er lässt hier Aufstände anzetteln. Eine Synagoge zu bauen ist Hohn. Sein Gold, die Kupfernen und den Plan werden kaiserliche Boten ihm als bleibendes Geschenk bald zurückbringen.

Dem jüdischen Rabbi, dessen Moralität zu schätzen ist, gib die römischen Bürgerrechte; und der Prinzipat weiß, dass mit Chrestus nicht die wenigen Christen Roms gemeint sind.

37. Abschnitt

Nicht die wenigen Christen, aber Rustica und Paulina aufzusuchen, war sein Ziel. Rustica und Paulina dienten Sklaven: jenen, die an den Aquädukten in glühender Sonne arbeiteten, mit schweißnassen Händen die schweren Steinblöcke schleppten.

Die Schwestern waren Freigelassene. Nur sie hatten das Recht, das Wasser zu schöpfen, an den Aquädukten. Sie trugen es dann in ihren hölzernen Eimern zu denen, die schwitzten. Kein Treiber war zu sehen. Mancher der Sklaven warf ihnen einen verwunderten Blick zu, bis einer wagte zu fragen: „Warum tut ihr das?“

Etwas irritierte ihn in diesem Moment, und er wandte sich abrupt wieder seiner Arbeit zu. Dann kam ein Mann. Einerseits von ausdrucksvoller Schönheit, in einem blauen edelsteinverzierten Gewand, einer Tunika voller Attribute der Aristokratie, zusammengehalten mit einem Gürtel, anderseits war sein Gang, als wollte er diese Erde nicht berühren. „Ihr gebt euer Wasser den Sklaven, wer wies euch an, dies zu tun?“, eröffnete er das Gespräch.

„Niemand, Herr!“, reagierte Rustica.

„Das sind die Sklaven des Kaisers, meine Sklaven“, dabei blickte er himmelwärts.

„Ihr seid der Kaiser?“, fragte Paulina erstaunt.

„Nein, nein, solches maße ich mir nicht an“, antwortet er.

Zwischenzeitlich stellte sich breitbeinig ein Treiber, der ständig seine lange, lederne Peitsche von der einen in die andere Hand warf und widerwärtige Grimassen schnitt, seitlich neben den Mann. „Ich trage Sorge für jeden dieser Sklaven, nicht ihr. Jetzt will ich wissen, wer lehrt es euch, dies zu tun!“

„Niemand, Herr!“, antwortete Rustica mit fester Stimme.

Plötzlich knallte, ausgelöst durch einen heftigen Schlag, die Peitsche über die Erde. „Ihr seid Christen, stimmt's?“, sagte der Mann mit seiner angespannt hoch klingenden Stimme.

„Nein Herr“, antworte Rustica.

„Was seid ihr dann für ein Gesindel?“, fuhr er sie an.

Jetzt hob Paulina ihren Ring: „Wir sind Freigelassene, Herr, haben die Bürgerrechte Roms.“

„Die Bürgerrechte Roms, was für ein Unsinn“, sagte er mit schrill werdender Stimme. Wieder donnerte ein Peitschenhieb vor ihnen über die Erde. „Wer seid ihr?“, fragte er sie immer dringlicher.

„Ich bin Rustica, und das ist meine Schwester Paulina. Aber wer seid Ihr, Herr?“, und zu dem Treiber gewandt: „und Ihr?“

Der Mann sah den Treiber an, dann an sich herunter. Sein an sich harmonisches Antlitz verzerrte sich. Bosheit, Bitternis, Verzweiflung zeigte sich wechselnd darin. Er und der merkwürdige Treiber gingen. Der Sklave, der die beiden angesprochen hatte, hob seine Hand zum Dank, als Rustica und Paulina fortgingen, um Hilaria im Tempel der Meta Theon aufzusuchen.

38. Abschnitt

Diesen Ort zu betreten, ihn immer wieder zu betreten, glich einem hellen Wassertropfen, der auf glühendes Metall fiel, zischte, brodelte und Rauchwolken emporsteigen ließ, vergangener Kämpfe gluthafter Kräfte.

Saturnina stand an einem solchen Ort, er war um sie und setzte sich fort in ihr innerliches Erleben.

„Ist da jemand ..., es ist da ...?“ Sie erwartete nicht, dass jemand antwortete, wer auch? Jetzt war es wieder die tief im Fels ausgehöhlte Grabnische für ein Kind, wie die Schriftzüge es besagten, auf dem eingelassenen Mosaik davor.

Dieser Sohn war nicht ihr Sohn, ihrer war ihr einziger, und das sprechende Meer hatte ihn zu sich genommen. Hier, an diesem Ort gab es keine gesprochenen Worte. Aber war da nicht doch etwas?

Sie fühlte sich, nachdem sie diesen Ort in den Katakomben aufgesucht hatte, wie eine Kämpferin mit geschundenen Gliedern, die im Staub lag, wie sie später Jonatan erzählte. Aber es war die Antwort, die zusammenfiel mit den Rätselworten, die einst Josef, der Richter, zu ihr gesprochen hatte und die ihr halfen: *Auch geschundene Glieder schmücken den Sieger.*

39. Abschnitt

Es roch nach Fisch und Meer an dem Gestade des Tiberhafens, der Himmel mit weißgrauen Wolkengebilden überzogen, der Wind war kräftig. Warum saß der dunkel bärtige, breitschultrige Mann da und blieb länger dort sitzen, am

Gestade abseits der Boote? Er fiel nicht auf.

Hatte ein dunkles Gewand mit einem wollenen Umhang an und einen Reisesack neben sich liegen. Vereinzelte Möwen umkreisten ihn. Er dachte nach, das war ihm anzusehen.

Ihr Konzil war zu Ende. Er reiste ab aus Jerusalem und kam im November des Jahres 49 im Tiberhafen an. Vereinzelt erst, dann aber immer mehr hörte er innerlich noch einmal die auf- und abwogenden Worte, die Inspiration während ihrer Gebete, durchlebte noch einmal den aufflammenden Schmerz des Streites, sah innerlich die verblüfften, schockierten, traurigen und zornigen Gesichter von Paulus, Johannes, Jakobus und den anderen vor sich. War er ihnen noch oder nur ihm noch verbunden, fragte er sich. Da holte ihn einen kurzen Augenblick die Erinnerung ein. Er sah, wie der Herr einst seine Hände ausbreitet hatte, über sie alle, wie er sie segnete.

Er ließ ihnen sein Wesen zuströmen, wandte sich von niemandem ab.

Er stand auf. Sein steiniger Weg, so wollte er es, führte ihn diesmal nicht direkt zu dem Haus am Esquillin-Hügel, sondern er ging die Straße der Gräber entlang. Dort offenbarte sich ihm etwas, was er bisher übersehen hatte.

Er begegnete immer wieder Frauen. Nicht Donata, Hilaria, Saturnina, Rustica oder Paulina. Nein, es waren andere Frauen.

Sie pressten sich schützend wegen des kalten Windes an die Eingänge zu den Katakomben. Er sah einfache Soldaten und in Lumpen gekleidete Totenträger nahe bei den Frauen, alleine und in kleinen Gruppen, um sie herumstehen. Einige verschwanden für eine Zeit, aus einem anderen

Eingang kam ein umschlungenes Paar.

Eine der Frauen kam langsam auf Petrus zu, schwieg, spürte auf ihre ganz eigene Art seine Kraft gegen manchen Schatten. Petrus sprach sie schließlich an: „Wer seid Ihr, Frau?“

Zögerlich antwortete sie, mit einem etwas abwartenden, auch beschämten Blick: „Keine Vertriebenen, aber Getriebene, Herr. Hätten wir nur ...“, doch dann ging sie rasch weiter, erkannte deutlich, dieser Mann fragte nach dem anderen, wer sie seien. Petrus war wieder in Rom, ihm war, es sei verändert. Nicht von außen, aber von innen, wie eine Ruine ohne Sinn war der Kultraum am Esquillin-Hügel. Das Haus mit der außen abgeblätterten Fassade, mehreren blinden Fenstern und mit den um es herum überwucherten Pfaden eines kleinen verwilderten Parks war verlassen, ja – nicht aber entvölkert. Denn von den Gefährtinnen – sie waren ja nur durch das Zeichen hinter ihrer Stirn zu erkennen – war keine vertrieben worden wie die Juden.

Jonatan kam wieder zurück, er war ein anderer. Vertrieben worden war er wie die Juden und Judenchristen, aber er kam als Römer zurück. Er hatte im Portus Romae, dem neuen Hafen am tyrrhenischen Meer, das *Wägen* gelernt. Niemand hätte sagen können, ob er auch Christ sei, aber der Raum belebte sich wieder, die Fenster zeigten wieder etwas vom Himmel.

Petrus sagte zu Jonathan, als dieser ihm erzählte, wie es dazu gekommen war, das er *Wäger* geworden war: „In der Abweichung wird die Signatur deines Weges sichtbar.“

Die Tragweite dessen, was Petrus dann sagte, war für ihn noch nicht ohne Weiteres erkennbar, wie er es später erzählte, aber bald würde er verstehen. Er erahnte, dass es mit ihm, den Gefährtinnen und Petrus selbst zu tun hatte.

Petrus stand auf, nahm das Jonatan so vertraute Buch in die Hand, die Thora. „Sieh", sagte er, „hierin ist das, über das sich christliche Gemeinden Judäas mit den hellenistischen streiten, die Reinheit der Lehre in Bezug auf das gemeinsame Speisen."

„Wie kann man darüber streiten?", fragte Jonatan.

Ohne seine Frage zu beantworten, setzte Petrus fort: „Schau! Wäre es das Einzige, so könnten wir vielleicht vom Herrn lernen, aber es ist viel schwerwiegender. Die palästinischen Judenchristen fordern von all jenen anderen Christen, die sich eingliedern wollen in das Volk Gottes, Beschneidung und Unterwerfung unter die mosaischen Gesetze, da sie sonst dem Erhabensten entbehren werden, das ist, nicht selig werden zu können, kein Gleichnis und Ebenbild vor Gott werden zu können."

„Aber hier in Rom, wo der kaiserliche *Zensor* und die Senatoren diesen Glaubenskonflikt nicht verstehen, worin liegt er wirklich?" fragte Jonathan.

Petrus antwortete: „Es gibt verschiedene Strömungen des Christseins. Immer geht es aber um die Erwählung des Gottesvolkes und die Teilhabe an den Verheißungen des Jesus als Messias Israels. Aber sind die Juden allein das Gottesvolk, frage ich dich, Jonatan?"

Jetzt legte er das Buch wieder zurück, und bevor Jonatan antwortet fuhr er fort.

„Jonatan, die Apostel und Ältesten berieten sich. Ich habe habe danach gesagt, Gott habe den Heiden genauso wie den Juden den Geist Gottes gegeben, nachdem er die Herzen gereinigt hatte, durch den Glauben. Das Einnehmen des Mahles sei auch ohne Konflikt möglich, aber Götzenopferfleisch, Blutgenuss und Unzucht sollten die Heiden meiden. Doch das strikte Einhalten der Thora sei ein Joch, das weder wir noch unsere Väter tragen könnten."

„Ja", sagte Jonatan, „sind die Gefährtinnen denn heidnisch oder sind alle Gäste am Tisch des Herrn?"

Petrus nickte, doch noch war ihr Zwiegespräch nicht zu Ende.

40. Abschnitt

Petrus wandte sich dann an Donata, die schweigend deren Gespräch verfolgt hatte.

„Was ist mit den Frauen, Donata?", fragte er sie.

Sie war erstaunt, dass er diese Frage stellte, aber während sie noch um eine Antwort rang, setze Petrus fort:

„Ich meine jene an der Straße der Gräber, in deren lumpigen Schürzen sich Kinder von namenlosen Vätern verbergen."

„Du meinst die Huren der Soldaten und Totenträger?" fragte sie.

„Ja, die meine ich."

Sie antwortete zögerlich: „Das alles ist mit einem Schleier des Schweigens umgeben, dennoch sind auch Freigelassene dabei, und es ist so gewollt; ihr wisst, dass die kaiserlichen Soldaten sich erst sehr spät ehelichen dürfen, die Totengräber gar nicht, und nicht jede dieser Frauen darf in den marmornen Palästen dienen."

„Sei nachsichtig, Donata. In jedem ihrer Worte mag das Vergessen ihrer selbst sich ausruhen, aber fragten sie sich inniglich, ob auch sie Gäste am Tische des Herrn sein können, und wollten es aus dem engen Schatten ihrer innerer geringen Freiheit heraus, sie würden es werden," sprach Petrus. Einen Augenblick schwieg er, in dem inneren Ringen, sich verständlich zu machen, und begann so:

„Es war im Jahr 33, am 3. April, bei dem letzten Abendmahl mit dem Herrn. Zur Zeit des alljährlichen Pessachfestes Judäas, in denen viele Pilger aus allen Provinzen zusammenströmten, dieses Fest zu begehen und ihr Lamm im Tempel schlachten zu lassen. Dank Josef dem Richter, der mehrere Steinbrüche im Norden Palästinas besaß, selbst Bildhauer war und einen Handel mit edlen Skulpturen betrieb, hatten wir im überfüllten Jerusalem ein steinernes Haus mit einer größeren Halle bereitgestellt bekommen für dieses Festmahl. Es stammte aus ältester Zeit. In der Abenddämmerung betraten wir die hohe Halle. Der Säulenumgang war von Fackeln erleuchtet. Vorhänge wie große Teppiche mit vielerlei Motiven schlossen den seitlich gelegenen nördlichen und südlichen Gang vom Hauptsaal ab. In diesen Seitengängen war jeweils ein großer Tisch mit zwölf Plätzen aufgebaut. Ein vierter Tisch, mit zwölf Plätzen, ganz in östlicher Richtung, auch durch einen Vorhang abgetrennt, war in dem Teil der Halle, der für die Frauen vorgesehen war. Die zwölf Frauen und vierundzwanzig andere, die auch den Herrn kannten, feierten das Fest in traditioneller Art in diesen abgetrennten Seitengängen. In der Mitte des Saales aber standen drei bogenförmige Segmente als Tisch mit dreizehn Plätzen. Zu zwölft saßen wir erstmals um den Herrn in der Mitte. Was dann geschah und was uns auf einzigartige Weise miteinander verband – ich sagte es euch schon, es hat mit dem Kelch und dem Brot zu tun und jenem, was kaum in Worte zu fassen ist. Der hintere Teil des Hauses, durch einen schweren, sehr breiten Vorhang getrennt, schloss sich an den Hauptsaal an, weil hier, um eine Stufe erhöht, der Opferherd mit allem Gerät und Geschirr untergebracht war. Dieses Geschirr war ein Kelch, ein Brotteller, sechs kleine Becher und einen größeren sowie ein Tablett, so wertvoll und voller Bedeutung, dass es einem heiligen Schatz hätte entstammen können. Seitwärts hinter der Opferküche führte eine ganz unscheinbare Tür und mehrere Treppenstufen zu einem unterirdischen Heiligtum. An diesem Ort stand der uralte Altar des ersten aller Hohepriester. Hier waren Joseph und Nikodemus und brachten Gaben dar, die halfen, die Kraft dieses geweihten Ortes nach oben zu richten."

Feinfühlig ergriff Donata das Wort: „Ich erinnere mich daran, was Josef, der Richter, und Maria, die Namenlose, uns zum Abschied sagten, bevor sie weiterzogen: *Es geht um die verschwiegene, fast unaussprechliche Bedeutung.* Dieses Ereignis an diesem geweihten Ort hatte etwas von der fast unaussprechlichen Bedeutung. Ich verstehe, warum du nach den Frauen fragtest und sagtest, sie hätten Platz am Tisch des Herrn. Es ist wahrhaftig, und das, was er tat, tat er für alle, er brauchte keine Beweise, dass er Anderes gewollt hätte."

41. Abschnitt

„Können wir den Frauen aus der Straße der Gräber gegenüber denn so ein Versprechen überhaupt einlösen, dass sie auch Gäste am Tisch des Herrn sind?", fragte Saturninia.

Petrus fuhr fort, „Deine Frage betrifft, was ich euch eben sagte, also auch mich selbst. Wer imstande ist, ein vor langer Zeit gegebenes Versprechen so, wie es ihm möglich ist, zu tun, der verbindet sich mit seinem Sein, schlägt wie eine Brücke über alles zeitlich wechselnde Geschehen. Ich, wenn ich das Versprechen einlöse, das ich dem Herrn einst gab, begegne mir selbst, meinem eigentlichen Wesen. Aber auch ich vergaß schon, was ich versprach … ja, ich leugnete es schon."

Saturnina frug: „Willst du sagen, dass der Herr dich daran messen wird, Petrus?"

„Er hat es schon und wird es wieder tun", antwortete er nachdenklich.

Rustica sah Petrus mit ihren dunkelbraunen Augen an, bevor sie sagte: "Du lobst Gott in der Stille. Ihm ist diese Stille. Gab nicht er uns allen, jenseits der Geschlechter, auch etwas, was er selbst einlöste, ein Versprechen von Anfang und Ende?" Petrus erkannte die Tragweite dessen, was sie sagte. „Ja", sagte er, „im Hebräischen heißt *einlösen* dasselbe wie *Friede.*"

42. Abschnitt

Es gab in Rom keinen Ort vergleichbar dem, an dem eine so hohe Gestalt wie der erste aller Hohepriester einst gewirkt hätte, wie es ihnen Petrus beschrieb. Aber einen, an dem Paulina etwas außergewöhnliches tat. Es war eine alte, steinige Kammer mit kaltem Boden, zwei kleinen Fenstern und einer langen Abstelltruhe. Hier saß sie auf einem hölzernen Schemel. Presste und formte den feuchten Lehm der Erde in ihren Händen oder bearbeitete ihn mit fein ziselierten Hölzern und drehte ihn auf einer alten Töpferscheibe.

Dann stand sie immer wieder einmal auf, trat vor die offene Tür und spürte die Wärme des Tages, nahm die Scherbe, ihr Erbe, in ihre Hand und sah sie im Tageslicht an.

Donata suchte sie einmal auf, auf ihrem Weg zum Palast der Schreiber, um sie zu fragen – obwohl der Anfang eines Gefäßes schon zu sehen war –: „Was töpferst du da, Paulina?“

Die Scherbe in ihrer Hand haltend antwortete sie: „Ich töpfere einen neuen Anfang.“

Donata war in anderer Weise mit einem Anfang beschäftigt, als sie wieder diesen Palast aufsuchte. Ihr Vorrecht dazu war ihr Stand, den Frauen geringeren Standes war das Betreten dieses Ortes untersagt. Jetzt stand sie wieder vor der doppelgesichtigen *Tabula Bantina.* Sie sah und las immer wieder die Seite, die in ihrer oskischen Sprache verfasst war. Nichts Einzelnes wahr es, feinsinnig dahinter spürte sie die Kraft des letzten Meddix, seine merkwürdigen Worte: *Schaut aus nach dem, wenn die Zeit gekommen ist für euch, nach dem, der ohne die Verwandtschaft all der Geschlechter ist, er ist der Anfang.“*

Saturnina, die die schwere Tür vom Esquillin-Haus schloss, sah es Jonatan an, dass er auf etwas wartete.

„Ist es dies hier, auf das du wartest, Jonatan?“. fragte sie und übergab ihm ein versiegeltes Schreiben.

Er hielt es, ohne es zu öffnen, zögerlich in seiner Hand.

„Wer brachte es?“

„Ein Diener des Senators“, antwortete sie. Für einen Moment ahnte sie, ohne dass sie wusste, was in dem Schreiben stand. Wie es ihm aber vielleicht wehtat, abgelehnt zu werden, ahnte sie sehr wohl, denn er hatte kürzlich an den Senator geschrieben.

43. Abschnitt

Als am Abend des gleichen Tages die Ausgewählten, Petrus und er zusammen waren, öffnete er den Brief und las.

„Jonatan“, schrieb der Senator,

... die Chrestus-Chrestus-Rufe hört man nicht mehr, die Juden und Judenchristen sind vertrieben. Aber dieses Geschehen hat etwas verändert, die Freizügigkeit, die man ihnen einst ließ, ist nicht mehr, Versammlungen auf den Märkten und Straßen sind verboten. Kaiser Claudius ist nach wie vor Zensor, das heißt Sittenwächter.

Ich schreibe dir als Römer. Das Haus am Esquillin-Hügel, das ein Teil des Palastes ist, bleibt kultischen Zwecken vorbehalten. Auch wenn mir gewiss ist, dass es keine jüdischen mehr sein werden, die hier stattfinden. Von dir ahne ich, dass du es nicht tust und tun wirst. Wir Römer selbst sind von manchen Juden abschätzig als Heiden bezeichnet worden, was auch immer das heißt ...

Er unterbrach, war betroffen, auch wenn er noch nicht den ganzen Brief vorgelesen hatte.

Saturnina erhob sich, war verändert, als sie sprach „Meine Ahnen waren Hellenen, ich gehöre zur Sippe der Elymer und jetzt ist mir wieder, ein Wort ohne Bedeutung ist ein Gräuel, denn ist es denn wirklich so, das es Heiden gibt? – Ist, was die sybillinischen Bücher uns sagen falsch, … am Anfang schenkte das Gute dem Erhabensten und dem tief Demütigen das Dasein …, also beiden zugleich, wobei das tief Demütige gewiss nicht das Niedrigste, aber das Selbstlose ist.“

Zunächst antwortete niemand.

Der, dem der Brief galt, Jonatan, schaute zu ihr empor: „Saturnina ich erinnere mich, dass du noch gesagt hattest, als Priscilla dich einst gefragt hatte, ob du Christin seist, dass du dieses Wort zunächst nicht verstanden habest, dann aber gesagt hattest, in hellenischer Sprache heiße das *Wort* Logos. In mir ruft das Wort Christ und das Wort Heide gleichermaßen Furcht und Hoffnung hervor.

Ich jedenfalls liebe, was ich tue, und kann es nicht lassen, ohne jemand anders zu werden, deshalb muss ich es weitermachen.“

„Was musst du weiter machen?“, fragte Hilaria nach.

„Ich muss weiter machen, mich zu fragen: *Wem gilt mein Glauben?* Rabbinern, von denen ich einer geworden bin, Heiden, von denen ich als Römer einer wurde, oder dem, was Petrus uns sagt: es geht um die Verbindung vom Tiefsten und Höchsten und dem, nach dem Saturnina fragte: ob in der Spiegelschrift des niedrig Bösen durch tief Demütiges das Erhabenste zu erkennen ist.“

Donata sagte: „Mein Glaube ist doppelgesichtig, so aber, dass auch ich weitermachen will, mit euch zu sein. Mehr noch ist jetzt für uns jene Zeit gekommen, von der der Meddix einst sagte, wenn diese wäre, sie der zu suchen, der frei … ist. Vieles, was Josef, Maria, Petrus uns sagten, weist darauf hin, dass Christus weder ein Heiden- noch ein Sklavenname ist, sondern der Name dessen, in dem sich Tiefstes und Höchstes verband.“

Stille trat ein zwischen ihnen.

Später wandte sich Petrus an Jonatan: „Was meint der Senator damit, dass die *Chrestus*-Rufe vorbei seien?"
„Es ist so, dass Chrestus ein gebräuchlicher Sklavenname ist, den die von den Gesandten des Hohepriesters aufgestachelten Juden in ihren Versammlungen skandierten. Daraufhin die anderen Juden wollten, dass der Kaiser sie schütze vor diesen Judenchristen, aber das beunruhigte den Zensor."

„Für mich wirkt es verwirrend", sagte Petrus.

„Das ist es", antwortete Jonatan.

44. Abschnitt

Paulina verließ den Raum und kam mit einem verhüllten Gefäß zurück. Sie sagte: „Schaut, dies ist aus jener einen Scherbe, die Petrus uns von unserem Vater aus unserer Heimat übergab."

Sie staunten über den schön geformten, mit den fließenden Ornamenten verzierten, steinernen Krug, Ornamenten gleich denen, die auch die Scherben trugen.

„Geht es, dass aus einer Scherbe wieder ein Wasser spendender Krug wird?", fragte sie und fuhr fort. „Wird dieser Krug all die Tränen aufnehmen können, Jonatan, die deine Lehrer in Jerusalem weinen werden, wenn sie dereinst erfahren, dass ihr Wort nicht deinem gleich ist, wenn du sagst: *Ich liebe, was ich tue, und kann es nicht lassen, ohne jemand anders zu werden.* Das besondere deines, in anderer Weise auch unseres Hierseins ist die Doppelheit unserer Sendung."

Die bisher schweigende Hilaria sprach: „Ja, Tränen ...", und fuhr fort: „Es war vor einem Tag eine Frau im Tempel der *Meta Theon.* Sie war sehr ehrfürchtig, ging an dem unvollendeten Standbild vorbei und langsam, sehr langsam zu dem dreistufigen Altar, ihr kennt ihn alle. Ich sprach sie an, was sie in den Tempel führe und welche der Opferfrüchte ihr am nahestehendsten seien. Dann drehte sie sich mit einem Male zu mir um und sah mich mit Tränen in ihren Augen an. Sie tat nichts, stand nur vor mir. Ich fragte mich, ob sie als Makellose, als Gerechte oder Fromme vor der Muttergottheit stehen wollte? Ich sprach sie wieder an, änderte aber meine Frage: *Wer bist du?*, fragte ich sie. Jetzt ergriff sie meine Hände und sie fühlten sich warm an, sie sah mich wortlos weiter an. Dann ließ sie eine Hand los, drehte sich etwas und wies auf den Altar. Sie wollte mir etwas sagen, das verstand ich. Ich ergriff wieder das Wort, sagte: *Ja, Schwester,... ihr ist die Heimat und das Allerbarmen für alle im Kreise des Seins.* Sie weinte, aber zeigte dann auf ihren Mund. Ich sah dorthin, sie öffnete ihn und ich sah, dass ihr die Zunge fehlte. Ich nahm sie bei ihrer Hand und führte sie vor den Altar und wollte schon die erste Stufe hinaufgehen, als sie meine Hand losließ und sich nur niederkniete. Ich war irritiert. Dann zeigte sie auf den steinernen Krug am Rande des Altars und machte eine Geste, als sollte ich ihn über ihrem Haupt ausgießen. Ich musste das Verneinen. Sie sprang dann entsetzt auf, weinte, weinte und flüchtete schnell aus dem Tempel. Ich glaube, ich habe versagt."

Die anderen sahen Hilaria an, die ihren Kopf etwas geneigt hielt.

„Nein", sagte Petrus, „sie wollte den Segen von Höherem, die Taufe."

Rustica fragte dann Petrus: „Was aber ist die Taufe?"

Petrus besann sich, und nach einer Zeit erzählte er, was der Herr ihnen von seiner Taufe am Jordan einst erzählt hatte, und sprach über *Johannes den Täufer,* dessen sie immer wieder gedachten, er und die Jünger, und endete so: „Es ist der Segen Gottes für einen selbstgewählten, weiteren Weg.“

45. Abschnitt

Eine Zeit später las Jonatan den letzten Teil des Schreibens von Senator Pudens vor.

„Jonathan“, schrieb der Senator weiter,

du weißt, wie gerne wir auch Petrus aufgenommen haben bei uns. Wenn er auch noch nicht ganz unsere Sprache beherrscht, so bitte hilf, dass er versteht.

Ich ahne, dass er etwas zu verkünden hat, wenn er vom Messias spricht, einem von Vatergott zu unterscheidenden, sohneshaften Gotteswesen, dessen Kraft und Wesen manchmal mit ihm ist, anders als die römischen Götter.

Es geschah Folgendes, was mich beunruhigt, und ich hoffe und bitte, dass er uns helfe. Du weißt, nah bei der Stadt haben wir Ländereien und eine Ziegelei. Dort ereignete sich vor zwei Tagen ein Unglück, bei dem einige Sklaven und der Aufseher an dem Schmelzofen zu Tode kamen. Ihn mochte ich sehr und er gehörte zu unserer Sippe. Priscilla und ich besprachen uns; wir wollen nicht, dass er nach römischer Sitte verbrannt sondern in unserer Totenkatakombe beigesetzt wird. Er war ein gerechter Mann für die Sklaven und das Unglück ist niemandem anzulasten. Seine Witwe, die er hinterlässt, ist stumm geworden. Wir bitten

Petrus, dass er sie und ihn segnet.

Noch ein letztes und anderes Wort an dich, Römer Jonatan, und an Donata, sie wird am ehesten verstehen, was es bedeutet. Am 25. Februar 50 wurde Domitius von Kaiser Claudius adoptiert und heißt fortan Nero. *Er wurde von Seneca erzogen*

46. Abschnitt

Am nächsten Tag.

Anmutig war die vierstufige Treppe aus schwarzgesprenkeltem Alabaster, die zu der Totenkatakombe unterhalb des Palastes führte. Erleuchtet von still brennenden Fackeln waren der Gang und die Nische. Die vielen Schritte mit leichten, teils teuren Sandalen waren kaum hörbar auf dem steinigen Grund. Umwickelt mit Leinen war der Leichnam; überdeckt mit einem silberverzierten Gewand der Sippe lag er in einem Sarkophag, als Petrus mit Worten, die jeder, der dort war unmittelbar verstand, den letzten Segen erteilte, nachdem Jonatan zuvor übersetzt hatte, was Petrus vom Auferstandenen erzählt hatte, und jene Atmosphäre zwischen ihnen entstand, die sich für Augenblicke der Zeit entwindet. Eine stumme Frau trat vor, von Hilaria gestützt, sie nahm Abschied.

47. Abschnitt

Tage danach, im Kultraum am Esquillin war es, dass sie sich wieder versammelten. Sie, die Gefährtinnen, die stumme Frau, Jonatan, Aquila, Priscilla Pudens und deren

Kinder. Petrus benetzte nur ein wenig das Haupt eines jeden mit dem Wasser in Paulinas Gefäß. Dann sprach er und segnete sie dabei: „Was ich tue, ich tue es nicht in meinem Namen noch aus meiner Kraft, sondern im Namen des Herrn, des Dreifaltigen Gottes und der Mutter, ich taufe euch.“

„Was geschah mir?“, fragte sich Donata danach. Sie empfand, dass zwischen ihnen jenes Licht und die Wärme, die sie einander verband, gleich einer immer deutlicher werdenden Silhouette sichtbarer wurde als je zuvor.

„Ihr habt das Sakrament des abwägenden Verstehens für euren weiteren Weg empfangen“, antwortete Petrus ihr.

Aus der Chronik jener Zeit

Kaiser Claudius stirbt am 13.10.54 (Verdacht des Giftmordes durch Lucusta mit Einverständnis Neros).

54 n. Chr.: Die Familie Pudens wird nach Korinth vertrieben.

54 . n. Chr.: zwei Thronanwärter auf des Kaisers Thron Nero und Britannicus.

13.10.54 n.Chr.: Nero wird als 17-Jähriger Kaiser von Rom.

56 n. Chr.: Nero schickt zwei Legionen zu dem Feldherrn Corbulo für den Krieg gegen Armenien.

59 n. Chr.: Die Juvenalia (oder das Fest der Bartabnahme) des Kaisers Nero.

23.09.59 n. Chr.: Agrippina, Neros Mutter, wird auf Befehl Neros ermordet.

Gestalten mit historischem Hintergrund

Nero, Thronanwärter, heiratet Octavia im Jahr 53; wird am 13.10.54 n. Chr. Kaiser von Rom.

Agrippina, die Mutter Neros.

Kaiser Claudius stirbt am 13.10.54, wird am 24.10.54 beigesetzt mit dem Titel *Divus*, d.h. Vergöttlichter.

Britannicus, zweiter Thronanwärter.

Aquila Pudens Pudentius, Senator bis 54 n. Chr., wurde 54 n. Chr. unter Kaiser Claudius nach Korinth vertrieben.

Priscilla, die Frau Pudens.

Pudentiana und **Praxides**, Töchter Pudens.

Galenes, Arzt der Gladiatoren.

Petrus, Apostel und erster Bischof Roms.

Lucusta, Gift- und Heilkundige nach dem Gesetzeskodex des Hammurabi, des Arztes aus dem Orient.

Ananias ben Nedebaios, Hohepriester aus Jerusalem vor 59.

Ismael ben Phiabi, Hohepriester aus Jerusalem zwischen 59 und 61 n. Chr.

Crassus, aus der Sippe der Licinar, Kommandant der 7. Legion in Gallien (Bretange und Normandie). Seine Sippe, die Licinar, galt als die reichste im Imperium Romanum.

Römische Orte und erhaltene Schriften

Meta Theon, Tempel der Göttermutter, hergeleitet aus den Isis Mysterien.

Minäische Hauptlehre der Thora, aus dem **rabbinischen Judentum.**

3. Teil – Senkrechte Wege

48. Abschnitt

Aufregung herrschte im Jahr 53 in allen Provinzen des Imperium Romanum. Nicht aber wegen unheilverkündender Zeichen – oder doch? Woran wären sie auch zu erkennen?

Im Zentrum, in Rom, der Stadt, begann eine neuen Ära. Der spätere Nachfolger des Kaiser Claudius heiratete. Er heiratete Octavia, die Tochter des Kaisers. Eigentlich hieß er Domitius, wurde dann aber *Nero* benannt.

Dass Kaiser Claudius ein Jahr später in den frühen Stunden des 13. Oktobers im Jahr 54 starb, war kein Zufall. Vieles war vorbereitet dafür, so wahrscheinlich auch die von der Giftmischerin Lucusta bereiteten Dosen zur Vergiftung der Speisen des Kaiser.

Denn es gab nicht nur einen Anwärter für den kaiserlichen Thron, sondern zwei. Einer war Nero, der andere Britannicus. Doch die Mutter Neros, die auch die letzte Ehefrau des Claudius war, sie hieß Agrippina, half nach Kräften, die Vergiftung durchzuführen im Namen Neros.

Am Todestag war Claudius' vollständige Titulatur: *Tiberius Claudius Caesar Augustus Germanicus, Pontifex maximus, Tribuniciae poetestatis XIV, Consul V, Imperator XXVII, Pater patriae.*

Als seine Asche am 24. Oktober 54 beigesetzt wurde, war es so, dass Nero und der römische Senat veranlasst hatten, dass Claudius als *Divus*, d.h. Vergöttlichter, liturgisch geweiht wurde.

49. Abschnitt

Donata kannte die Giftmischerin Lucusta, wusste, sie war immer beim römischen Taurobolium dabei, wenn wieder ein Stier geopfert wurde und die damit verbundene Bluttaufe stattfand. Doch das war derzeit vorbei.

Sie war eine merkwürdige Frau. Nah bei den schwefligen Quellen von Neapel, bei den Vulkankratern aufgewachsen, bedeutet es Donata wenig, zu fragen, wer sie eigentlich war.

Blitzende, fast schwarzen Augen mit einem lauernden unruhigen Blick hatte sie. Die Haut ihres Antlitzes hatte die Farbe gebrannten Zuckers, schien alterslos, ganz wie die undefinierbare Farbe ihrer langen, nach hinten gebundenen Haare. Ihre Gewänder waren schwarz und giftgrün, und jenes, was sie an ihrer nicht allzu großen Gestalt trug, blutrot.

Die auffallend sehr schlanken, langen Hände waren um Weniges von den Ärmeln des Gewandes bedeckt, ihre Bewegungen wirkten huschig, die Stimme dagegen klang hell und ruhig.

Heil- und giftkundig war sie, lebte in einem Anbau hinter einer Taverne beim Tiberhafen. Gegen den Preis eines Tieres, Getreide oder Silberdenare operierte sie auch. Viele der dafür vorgesehen Instrumente schmückten die Regale. Auch verlassene oder lebende Körper von Schlangen, Spinnen, Skorpionen füllten die Gläser und Behälter der Regale. Lebend dagegen waren die Fledermäuse, kleine Ratten und Blutegel. Die Flüssigkeiten, die ihr Händler mitbrachten und mit denen sie Wunden versorgte, entstammten mancher geheimnisvoll wirkenden Pflanze

Ägyptens oder aus arabischen Ländern. Magische Symbole aller Art verzierten den dichten Vorhang des Eingangs in ihr angebautes Haus.

Durch den trat Donata in einen kleinen Vorraum ein, sie war nicht allein, trug ein Kind in ihren Armen. Lucusta sah die anmutige Donata erschrocken an, obwohl weder ein glanzbesticktes Gewand noch auffälliger Schmuck sie zierte und ihr Antlitz eher nachdenklich, als fordernd wirkte.

„Das Kind, was ist mit dem Kind?“, fragte Lucusta.

„Ihm kann zurzeit niemand mehr helfen“, sagte Donata ruhig.

„Was hat es?“, fragte Lucusta nach.

„Es schläft, schläft atmend, ist erschöpft von der Radikalität der Flüchtigen, es zu zerstören, als einen Teil ihrer selbst.“

„Seid ihr eine Sklavin und die Mutter?“, fragte Lucusta, ohne die weitere Antwort auf ihre Frage abzuwarten.

„Weder das eine noch das andere, aber sorgt Euch nicht, ich kann Eure Hilfe bezahlen“, antworte Donata.

„Wenn es so ist, dann will ich euch helfen, Dir und dem Kind“, sagte Lucusta und öffnete dabei den Vorhang zu dem Raum.

Ein seltsamer Duft von Sandelholz, Früchten und anderen undefinierbaren Gerüchen kam ihnen entgegen, in diesem Raum voll merkwürdiger Gläser, Vasen und anderer Behälter, und sie gingen fast eilig in einen anderen, noch weiter dahinterliegenden Raum. Hier legte sie das Kind auf einer kleinen Liege ab.

„Ich will ihm etwas Blut abnehmen.“

Sie stach mit einem kleinen spitzen Gerät in eine der Fingerkuppen des Kindes, und sie nahm den herausquellenden

Blutstropfen und gab ihn in ein kleines, gläsernes Gefäß. „Nun geht wieder, Donata, und kommt in drei Tagen mit dem Kind wieder, ich will etwas untersuchen“, sagte Lucusta.

Donata wollte schon gehen, da erblickte sie an einer der Wände ein auf Leder eingefasstes Schriftstück, und so wie sie die doppelgesichtige *Tabula Bantina* erkannte, erkannte sie hier den *Gesetzeskodex des Hammurabi*, des Arztes aus dem alten Orient. Hatte sie sich in Lucusta getäuscht und dem, wer sie war, fragte sie sich, als sie mit dem Kind im Arm fortging.

50. Abschnitt

Das *Meta Theon* lag etwas abseits der Kampfarena, in der die Gladiatorenspiele stattfanden. Nicht einsehbar war von hier die Arena, aber die Rufe, den Jubel, den Chor hörte Hilaria.

So sagte sie sich, da die Fanfaren erklangen: Der Kaiser, er war da; frenetischer Jubel erscholl von den Rängen. Nach einer Zeit wurde es ruhiger, nur das Klingen der sich kreuzenden Waffen hörte sie längere Zeit. Dann plötzlich wieder frenetisches Jubelgeschrei, dann wurde es wieder still. „Jetzt hält der Sieger den abgeschlagenen Kopf seines Gegners in einer Hand und grüßt mit der anderen den Cäsar, dachte sie, denn auch der Siegeschor setzte an, verstummte dann aber wieder.

Plötzlich standen sie in der Mitte des Tempels. Zwei Sklaven, auf einer Liege eine mit einem Tuch überdeckte Gestalt. Bei ihnen war Galenos, der Arzt der Gladiatoren, nur an den Augen erkennbar und an seinem weißen Haar, denn Nase und Mund hielt er sich mit einem Tuch bedeckt. Sie nickte ihm zu, als Zeichen, dass sie ihn erkannt hatte.

Er sagte, in seinem griechisch gefärbten Sprachklang: „Hilaria, halte ihn hier, er lebt, fiel eben in Ungnade vor dem Kaiser. Gib ihm Silphium für die Wunden!"

Dann gab er den Sklaven das Zeichen, die Liege abzustellen und eiligst zu verschwinden.

Sie nahm das schweiß- und blutbeschmierte Tuch vom Haupt des Liegenden, es war einer der Gladiatoren. Er konnte vor Erschöpfung nicht sprechen. Sie bereite ihm einige Umschläge aus Silphium; als der Heilsaft seine Wunden berührte, schlief er ein.

51. Abschnitt

War es wirklich Gleichgültigkeit, oder hatte sich an ihm auch etwas verändert? Vorher zeigten die Konstellationen Völker und Sippen an, aber jetzt? – hatte das Universum sich verändert?, fragte sich Jonatan, und was wäre es, was sich veränderte, wenn es wahr würde?

Du kamst nicht in Judäa an, wie viele andere der Vertriebenen, so begann das Schreiben in seiner Hand. Dieses Mal ganz ohne Gesandte ihm zugeschickt, verfasst vom neuen Hohepriester *Ananias ben Nedebaios* aus Jerusalem.

Die Zeichen und Zeiten ändern sich, ich erwarte dich zurück, schrieb er, und am Ende: *Wir warten auf das in unseren Schriften angekündigte Kommen des Messias.*

Der neue Hohepriester, eingesetzt von Herodes von Chalkis, war seit dem Jahr 49 im Amt.

Jonatan fragte sich, jetzt nach den Jahren, war dies ein zukünftiger Ruf aus Vergangenem, hatten sie Tränen vergossen um ihn, oder war es doch anders?

52. Abschnitt

„Wenn Saturn und Mars im selben Zeichen stehen, und der Mond ist zwischen ihnen, dann wird dieses Landeskind ein Leprakranker sein, und Krätze wird ihn befallen, so sagen es die *Carmen Astrologicum* und sein Blut“, vermittelte es Lucusta Donata über das Kind in ihren Armen. „Wo fandet ihr es?“, fragte sie.

„Ich selbst fand es nicht, aber Saturnina.“

„Und wo?“

„In den Katakomben an der Gräberstraße, es lag in einem Sarkophag eines anderen Kindes. Vermutlich geboren von einer jungen Mutter, die mit allen Frauen die Angst vor dem Tod im Kindbett vereinte, die Kindersterblichkeit ist hoch. Dieses kleine Kind überlebte, es ist aber noch lange nicht außer Gefahr“, sagte Donata.

„Trug denn der Sarkophag Zeichen?“, fragte Lucusta nach.

„Ja, er war so, dass er nicht wie für das Kind einer Mutter, die nur eine Freigelassene oder Sklavin war, wirkte. An ihm schien etwas anders, er war mit Bedacht und Liebe gestaltet.“

„Gab es einen Hinweis auf den Vater am Sarkophag?“

„Ja“, sagte Donata. Er trug die bewegt umlaufenden Ringe, die nur Baumeister machen können, wie an einem dorischen Kapitell.“

Lucusta ließ noch einmal ihre Finger über den Kopf und Körper des Kindes gleiten und sprach zu Donata noch manches. Plötzlich hielt sie in der tastenden Bewegung überrascht inne und sagte: „Das Blut, das Blut muss sich erneuern. Nur durch die Mutter und den Vater wird es hei-

len."
Eine Weile später verabschiedeten sie sich. „Geht jetzt Donata, nehmt das Kind. Gott, Vater und Mutter mögen euch segnen!"

53. Abschnitt

Er erwachte. Langsam verfolgte sein Blick die umlaufenden Ringe an einem dorischen Kapitell; noch war er benommen, bewegte sich nicht, aber erinnerte sich. Er hatte sie einst selbst in den Stein eingezogen. Er sah aus der hinteren Nische, in der er lag, seitwärts die regelmäßig aufstrebenden, hell marmornen Säulen, mittig im Raum, zweistufig erhöht, den mit Vasen geschmückten Altar, dann die vereinzelten Skulpturen und auf dem mosaikverzierten farbigen Boden eines Tempels. Das sah er, und ihm war plötzlich gewiss: Dies war der Tempel der *Meta Theon*.

Hilaria war herbeigetreten, nahm wortlos die Umschläge von seinen Wunden ab. Sie waren nicht mehr entzündet, aber hatten noch einen roten Wundrand. Eine Dienerin kam mit einem Behälter heller Wundumschläge, getränkt in Silphium, und sorgsam legte Hilaria sie erneut an. Seine Augen suchten die ihren, und sie sahen sich ein Weile an – bis seine noch etwas brüchige Stimme fragte: „Wer trug mich hierhin?"

„Es waren zwei Sklaven und der Arzt Galenos", antwortete Hilaria.

„Ich dürfte nicht … sein …", sagte er mühsam.

„Aber du bist", antwortete sie.

„Sieh", sagte er und wies mit der Hand auf die umlaufenden Ringe der Kapitelle.

„Was ist damit?“, fragte Hilaria.

„Es ist ...“, dann verstummte er und schlief wieder ein.

Zwei Prätorianersoldaten bekamen den Befehl, den in des Kaisers Ungnade Gefallenen zu suchen. Einer von ihnen war Timotius. Bereits in den um die Arena liegenden Palästen und jenseits davon, in ärmlichen Hütten, auf der anderen Seite hatten sie nachgefragt und geschaut, nur in dem Tempel noch nicht. Hilaria kam ihnen entgegen.

Timotius salutierte vor ihr und fragte: „Ein Soldat ist vermisst, ist er hier?“

„Ein Soldat, … aber Timotius“, sagte Hiliaria, „schau wer hier ist!“

Von einigen Seiten streckten sich ihnen dünne Arme entgegen, viele mit Pocken übersäte Gesichter, die einst schön gewesen waren, und Krüppel, denen ein Bein oder die Kraft zum Gehen fehlte, Frauen und Männer, Sklaven und zwei Soldaten, die von der Antoninischen Pest befallen waren.

„Wieso sind diese beiden nicht im *Tempel des Aesculapius*?“, fragte Timotius.

„Weil die Zahl aller Not unendlich ist“, antwortet Hiliria.

Der andere Soldat wandte sich beschämt ab, da hielt ihn Timotius an seinem Waffenkleid fest und sagte: „Halt das aus, Kamerad, das sind auch wir!“

Er salutierte wieder vor Hilaria und die beiden gingen.

54. Abschnitt

Hilaria sprach mit dem in Ungnade des Kaisers Gefallenen, wusste aber nicht, wer er war.

Jonatan war dabei, sehr weit zurückzugehen, nicht nach Jerusalem, weit davor, in eine längst vergangen geglaubte Welt.

Saturnina war ein gänzlich hilfloses, winselndes und krankes Kind zugewiesen, aus einem Sarkophag, in den Katakomben.

Donata fragte sich, warum dieser Satz – *das Blut, das Blut muss sich erneuern* – ihr so viel Unverständnis bereitete. Ihr wurde gewahr, dass dies nicht allein deshalb der Fall war, weil er von der nicht einschätzbaren, aber heilkundigen Lucusta kam.

Rustica und Paulina erinnerten sich, dass es weit vor Damaskus, wo sie aufgewachsen waren, eine Landschaft gab, die eine gewisse Ähnlichkeit hatte mit jener, die unmittelbar nach dem Tiberhafen begann. Die Landschaft der sauren Erde nannte man den von Flussmäandern durchzogenen Landstrich, von denen einige fast stillstehende Wasser hatten. Dorthin, beim ersten Morgendämmern, gingen sie.

Damals hatte man ihnen gelehrt, dass Kinderkrankheiten von bösartigen Dämonen und strafenden Göttern gesandt waren, diese aber ihre krankmachenden Waffen in bestimmten Landschaften ablegten, sodass daraus heilende Pflanzen wurden. Sie empfanden beide, in den Katakomben ein hilfloses Kleinkind sich selbst zu überlassen, war von jenem Blut, um das ein Widerschein nicht eingestandener Liebe, Not, Verlust und Hass lag. Und um es zu erneuern, es erst gereinigt werden müsste von zerstörerischer

Aktivität. Und so fanden sie auch die Pflanze zur Zeit der Blüten und in der Tageshelle als frisches blühendes Kraut mit den brennenden Haaren, reich an Eisen und Chlorophyll.

55. Abschnitt

Hilaria fand ihn, als er vermochte, sich auf seinem Lager wieder aufzurichten. „Ich gebe dir Rätsel auf, nicht wahr?“, begrüßte er sie.

„Ja“, sagte sie, „so ist es, denn auch die Soldaten der Prätorianergarde suchten nach dir. Sie sahen aber nur die verletzten Sklaven und die beiden Soldaten, die von der Antoninischen Pest befallen sind, und gingen dann.“

„Dann habe ich dir zu verdanken, dass ich noch hier bin“, sagte er. „Nicht mir allein, sondern auch den zwei Sklaven und dem Arzt Galenos, die dich brachten.“

„Ja“, sagte er, „die Ungnade des Kaisers traf mich doppelt. Ich bin einer der Gladiatoren. In meinem letzten Kampf hatte ich den Gegner besiegt, er lag im Staub der Arena, und der Kaiser wies von der Throntribüne seinen Daumen nach unten, was heißt: *Schlag ihm den Kopf ab!* Ich hob schon mein Schwert, als der Gegner mir in die Augen blickte, und sagte: *Sie hat dein Kind in den Katakomben ausgesetzt.* Er war der Bruder meiner liebsten Frau, die, bevor der Kampf begann, zu mir kam, um mir zu sagen, sie würde mich verlassen und ihr Bruder würde mich eigenhändig erschlagen. Ich war innerlich so getroffen von seinen Worten, denn ich wusste, ich würde das Kind lieben; es so ausgesetzt zu wissen, machte mich verzweifelt. Das Volk brüllte: *Töte ihn!* Ich schmiss ihn dann erneut in den Staub und lief aus der Arena, des Kaisers Befehl und des Volkes Wunsch missachtend. Es trat ein Tumult ein, am Eingang für die Gladiatoren, weil einige sich in den Netzen eines Kämpfers verfangen hatten, der mich aufhalten wollte, und hinfielen. Galenos schmiss mehrere Decken um sich und drückte mich, nachdem er mir das Schwert fortgerissen hatte, auf eine Liege, und ich verlor das Bewusstsein."

Hier unterbrach er sichtlich erschöpft. Nach einer Zeit nahm Hilaria das Gespräch wieder auf.

„Du sagtest, zweimal hätte dich Ungnade getroffen."

„Es war an dcn Aquädukten und noch nicht sehr lange her. Ich war einer der Baumeister dort. Der Kaiser hatte dort einen obersten Aufseher aus den hohen Kreisen der Aristokratie eingesetzt. Stets gekleidet in einem edelsteinverzierten Gewand und mit einem tänzelnden Gang, aber von tiefster gefährlichster Entartung. Sein Antlitz ausdrucksvoll schön, sein Handeln ein aggressiv heuchlerisches Doppelspiel. Sein Vorsatz war es, jeden Tag drei Sklaven zu Tode peitschen zu lassen. In der Gluthitze des Mittags begann er damit. Als einmal Galenos zu mir wollte, wegen einer Ableitung für das Wasser, versuchte er den Arzt fortzuschicken, scheute wahrscheinlich die Gladiatoren. Mich packte dann die lang angestaute Wut, ich schmiss einen schweren Deckstein nach ihm, traf, er fiel und starb.

Als der Kaiser, der ihn mochte, davon hörte, wurde ich aller baulichen Tätigkeiten und meiner Ämter enthoben und wurde der zweiten Garnitur Gladiatoren zugewiesen, für die nur gilt: Tod oder Leben. Jetzt sucht man mich, und du ahnst, was es bedeutet – auch für Euch."

Hilaria verstand.

56. Abschnitt

Jonatan fand in der minäischen Hauptlehre des Talmud etwas, was ihn sehr berührte.

Dort hieß es, man darf die Lehre der Weltenschöpfung nicht in Gegenwart zweier Hörer und die Lehre des Himmelswagens von den Gestalten Gottes nicht in Gegenwart auch nur eines einzigen Hörers vortragen, es sei denn dieser sei ein Weiser.

Betroffen fühlte er sich davon. War das ein Hinweis, warum *Ananias ben Nedebaios* schrieb *Ich erwarte dich zurück* – und an des Schriefstückabschlusses: *Wir warten auf das in unseren Schriften angekündigte Kommen des Messias?*

Er trug es Petrus vor.

57. Abschnitt

Nachdem Donata, Saturnina, Rustica und Paulina dem Kind neben Nahrung auch den zubereiteten Saft aus dem frischen, blühenden Kraut mit den brennenden Haaren gegeben hatten, wurde es wacher, die Augen strahlten in mildem Glanz und seine kleinen Hände suchten ihre Berührung.

Die bösartigen Dämonen entflohen, und Petrus taufte das Kind mit den Worten: „Was ich tue, ich tue es nicht aus meiner Kraft, sondern im Namen des Herrn. Im Glauben und dem Hoffen, dass die strafenden Götter ihre Waffen vor dem Schicksal des Kindes niederlegen.“

Der Vater kam.

Hilaria brachte ihn mit, nachdem sie in den Katakomben

den Sarkophag mit den umlaufenden Ringen – ähnlich wie an einem dorischen Kapitell – gefunden hatten und es dem Baumeister die Tränen in die Augen getrieben hatte, aus Liebe und väterlich verbundenem Gefühl zu seinem ersten verlorenen Kind.

„Mit zehn Jahren starb er“, sagte er, „meine römische Frau wollte ihn verbrennen lassen, wie es üblich war, ich aber baute ihm diesen Sarkophag.“

58. Abschnitt

Nachdem der Baumeister sein zweites Kind wiedergefunden hatte, bei ihnen im Esquillinhaus – einige Tage waren vergangen an dem unermesslichen Ort seiner Verborgenheit –, bestellte Senator Pudens sie zu sich. Er ließ sich Zeit zu beginnen, sah jeden Einzelnen von ihnen an, bevor er sich entschloss, Jonatan, den Gefährtinnen und Petrus von dem zu berichten, was ihn mit Sorge erfüllte. So begann er:

„Petrus, du weihst sie, schickst sie hinaus in die Welt, Glaubensboten, wie wir. Du bist willkommen, unser Haus ist ein christliches Haus. *Priscilla*, meine liebe Frau, meine beiden Töchter *Pudentina und Praxedis*, die ihr kennt, meine Söhne, wir alle wurden von dir getauft. Du hütest die heiligen Geheimnisse, nimmst mit uns die Weihen und Handlungen vor, wie der Herr sie euch gab. Dafür ist hier die Stätte.

Diese Stätte aber müssen wir verlassen. Noch Kaiser Claudius beschloss es so im Jahr 54. Wir sollen vertrieben werden in das hellenistische Korinth. Der Kaiser meint meine Familie; ich sorge mich. Kaiser Claudius, *der Vergöttlichte*, ist tot, nach seinem Tod wurde er verhöhnt.“

„Weshalb verhöhnte man den Kaiser Claudius?“, fragte Petrus.

„Der, der Nero erzog, in den vergangenen Jahren, *Lucius Annaeus Seneca*, der Suffektkonsul, schrieb eine widerwärtige, böse Satire über Claudius, aufgrund dessen seine ehemals Getreuen jetzt Nero huldigen.“

„Was fehlte dem Kaiser?“

„Claudius litt an einer Lähmung, möglicherweise seit seiner Geburt. Darüber erheiterte Seneca sich, denn er selbst hat keine körperlichen Makel.“

Der Senator schwieg eine Weile in sich gekehrt, bevor er fortfuhr. „Nero ist Kaiser und er ist Richter, richtet nach senatorischer Rechtsauslegung. Als Erstes verurteilte er die meisten Verbrecher zur Zwangsarbeit, ein Zweites war die Senkung des Getreidepreises, als Drittes wird er die vom Volk so begehrten Spiele weiterführen und viertens schickt er viele der Mitglieder der Aristokratie ins Exil, oder sie werden zum Suizid gedrängt.“

Donata wandte sich an Pudens: „Aber warum Exil oder Suizid, was ist der tiefere Sinn und was ist deine Sorge, *Aquila Pudens*?“

„Nero braucht Gold“, antwortete Pudens und fuhr fort: “Er ließ Kohorten aus Prätorianersoldaten zusammenzustellen, die zu den Freigelassenen zogen, die noch politischen Einfluss hatten und reicher waren als die Sippe des *Crassus*, der der reichste Mann der römischen Republik war. Sein Reichtum ist der Maßstab, um die, die noch mehr haben, zu enteignen. Es gab Tumulte, und viele Sklaven der reichen Freigelassenen ließen ihr Leben. Sie schwören auf Kaiser Claudius, und dadurch dass sie Fähigkeiten hatten und dem Kaiser loyal waren, konnten sie auch Reichtum erwerben. Doch Nero braucht ihr Gold, und weit mehr als das Vermögen *der Familie der Licinier* um *Crassus.*

„Aber Crassus lebt doch nicht mehr“, sagte Donata.

„Der Reichtum seiner Sippe und Familie lebt aber fort. Er war einst Legat und Kommandant der 7. Legion, mit der er Aquitanien unterwarf, und einer der fähigsten Legaten in Gallien. Ihn jetzt nach fast einem Jahrhundert wieder aufleben zu lassen und für den Zweck, Reichtum mit Reichtum zu vergleichen, ist mir eine Sorge“, antwortete der Senator.

Petrus, erhob sich und ging zu *Aquila Pudens,* er legte beide Hände auf seine Schultern. Dann sagte er: „Senator, Ihr kennt die Lösungen, die diesen beiden Sorgen entsprechen.“

„Nein,“ sagte Pudens; er sah zu Petrus auf und fuhr fragend fort: „Wollt ihr sie mir geben? Ich nähme sie gewiss an.“

„Das will ich“, antworte Petrus. „Was wir hier tun, an dieser Stätte, es wirkt fort. Christus hat uns erwählt, er hat einen Bund zwischen uns entstehen lassen, der hält, und er ist für uns zugänglich, sind wir uns dessen bewusst. – Wäre er uns nicht mehr zugänglich, hätte unser Glaube wenig Sinn. Was auch immer Ihr entscheidet für Eure Frau und für Eure Kinder, *Aquila Pudens,* tut es in der Gewissheit dieser Verbindung und in Berücksichtigung, dass selbst ein Kaiser uns nicht aus ihr vertreiben kann. Geht hellwach und klug damit um. Nero ist Kaiser, aber gewiss kein Gott. Ihn bewegt das Grauen vor seiner äußeren Macht und seiner ihm unbekannten Lust, sich daran zu ergötzen. Von ihm könnt ihr nichts erwarten, außer dass er beweglich, willkürlich, enttäuschend und gleitend ist, das ist die

Eigenschaft derer, die den Vater, auch wenn Kaiser Claudius nur sein Adoptivvater war, ermorden ließen. Er wird äußeren Reichtum vergleichen und stets feststellen, dass er mehr Gold braucht; vom Volke, aus allen erniedrigten Provinzen, aus den Heiligtümern."

Aquila Pudens war nachdenklich, so vermochte nur Petrus mit ihm sprechen, und er spürte die unsichtbar aufrichtende klare Erkraftung, die von seinen Händen auf ihn überging.

Er sah sie alle an. Dann sagte er: „Hört, was wir zu tun beschlossen haben! Diese Stätte bleibt. Ihr, darum bitte ich, behütet sie. In kurzer Zeit werde ich unerkannt zurück sein aus Korinth. Ihr erkennt mich dann als Armen. Ich bringe meine Familie in Sicherheit vor der Willkür dieses Herrschers."

„Woran erkennen wir den *Armen*, kehrt er zurück?", fragte Donata.

„Seht," sagte Pudens und zeigte an seinem rechten Handgelenk eine das ganze Gelenk umschließende verheilte Wunde. „Dies ist ein untrügliches Zeichen. Als Sklave prägte man mir es für immer ein."

So geschah es, eine Zeit verging.

„Einer in Kleidung der Armen steht vor der Tür, er verlangt nach dir", sagte Saturnina zu Donata. „Er sei senkrechte Wege beschritten und sagt, dass der Schatten schmal sei unter den Zypressen korinthischer Strände."

59. Abschnitt

Das Kind, für das der Baumeister den Sarkophag gebaut hatte, war vor Jahren gestorben. Für das Kind, das er jetzt in seinen Armen hielt, hatte er kein Zuhause, so wenig wie für sich selbst. Der Baumeister bemerkte, diese Frauen hatten andere Gebräuche, als er sie kannte aus der Schule der Gladiatoren. Eine fiel ihm besonders auf: Es war die, die hinkte. An ihr fiel ihm auf, vielmehr er fragte sich, war es ihre wohlgeformte Gestalt, die ihn berührte, war es ihr rundliches Antlitz, das einer sanften Landschaft glich, ihre helle Haut, waren es die hellbraunen Augen oder das, was sie ausstrahlte? Oder war es schließlich seine wortlose Dankbarkeit, die sich in ihr einen Spiegel suchte, dass sie sein Kind gefunden, dessen Winseln nicht überhörte hatte, es aufgenommen und mit Hilfe der anderen Frauen geheilt hatte?

Dahintreibende Wolkengebilde schattierten immer wieder das blasse Licht des Mondes über der Stadt und auf der Balustrade des Hauses, wo er versonnen stand, ganz diesen Gedanken ergeben.

Wer ist sie, die mein Kind in den Grüften des Todes fand, ihm weiteres Leben ermöglichte? Ist sie nicht von gleicher, innerer Lichteskraft durchseelt, mit der ich mich selbst dem Willen des Kaisers und des Volkes widersetzte? Ist es das, was uns verbindet?

Nicht bemerkt hatte er, dass Saturnina neben ihn getreten war, ihn leise fragte: „Was liebt Ihr, Baumeister?“

Er schaute sie nicht an, aber die Frage, von ihr gestellt, schien so selbstverständlich. „Das Kind und die Mutter ...“, antwortete er ruhig.

„Dann geht zu ihr mit dem Kind und verzeiht ihr und Euch," sagte Saturnina und fuhr fort: „Ihr könnt nicht ohne Antwort, ohne Lösung Gesuchter bleiben und sein. Auf diesem Weg begegnet Ihr Euch selbst, und dann dem Herrn, er kennt den Weg, er ging ihn vor Euch selbst."

„Wo ist der Herr, von dem Ihr sprecht?" fragte der Baumeister. „Im Blick des Kindes, das Ihr auf eurem Arm haltet, sieht er Euch an, Ihr könnt ihm vertrauen. Worauf, fragt Ihr Euch? Darauf, dass das Vergangene, das Ihr seid und von dem Ihr noch umfangen seid, immer mehr verschwindet und alles von Zukunft erfüllt wird, ganz wie bei Eurem Kind", sagte Saturnina. Wie eine Gladiatorin hatte sie ihn in seinem Herz getroffen, er lebte und lächelte. Nach einer Weile, in der sie schweigend nebeneinander standen, fragte er sorgenvoll: „Ist es nicht das Gefährlichste für euch, ich meine, dich und deine Gefährtinnen, so zu jemandem, wie ich es bin, zu sprechen, Saturnina?"

„Denkt und meint Ihr auspeitschen, foltern, Götzenverehrung und Christen?", folgerte sie.

„Ja, das meinte ich. Hörte es jemand, der den anderen Herren, dem Kaiser und den Göttern dient."

„Seid Ihr denn noch so jemand? Ist es das, was einzig bleiben darf?"

„Nein", sagte er, „ich halte mein Kind in den Armen und habe weder für es noch für mich ein Zuhause", antwortete der Baumeister, und sie setzte seine Gedanken fort: „Und ihr seid schuldig, Baumeister! Eure Schuld wiegt äußerlich, doch Eure wirkliche Schuld ist Eure Nächstenliebe, und die ist ein Segen", sagte Saturnina.

60. Abschnitt

Petrus ahnte es, es ging um das richtige Verstehen von dem, was *Ananias ben Nedebaios* an Jonatan geschrieben hatte, aber nicht nur darum, was auch ihn an der Lehre des Talmuds berührt hatte.

Deshalb hielt er ihn an, wo sie allein in seinem Raum im Esquillin-Haus waren, ganz bei sich zu sein. So saß er da, in seinem dunklen Gewand, fast reglos in einem Winkel des Raumes Petrus gegenüber, um gewahr zu werden, es noch einmal zu lesen:

Man darf die Lehre der Weltenschöpfung nicht in Gegenwart zweier Hörer und die Lehre des Himmelswagens von den Gestalten Gottes nicht in Gegenwart auch nur eines einzigen Hörers vortragen, es sei denn dieser sei ein Weiser.

„Weshalb sollten wir die Sehnsucht nach Eindeutigkeit der Gestalten Gottes besser loslassen?“, so fragend begann Petrus das Gespräch mit Jonatan und setzte dann fort: „Sei dir bewusst, wer ein Weiser war, in diesen streng geschlossenen Ordensgemeinschaften der Pharisäer, Sadduzäer oder Essäer. Gewiss niemand vom einfachen Volk. Es ging um den Erhalt, die Bewahrung der Tradition dieser Lehre, ihrer Reinheit und Weisheit. Dies mit dem zu verknüpfen, von dem du vermutest, dass dir *Ananias ben Nedebaios* schrieb: *ich erwarte dich zurück,* vermag ich nicht zu teilen. Seit über drei Generationen wurden die Hohepriester in Judäa von den Herrschern eingesetzt, aber gewiss nicht deshalb, weil sie Weise waren. Das Zweite, was Ananius dir schrieb: *Wir warten auf das in unseren Schriften angekündigte Kommen des Messias*, ist ein Teil dessen, was die jüdischen Ordensgemeinschaften und die Judenchristen des

Volkes in Jerusalem voneinander trennt, aber auch die Hellenen, alle, die Christen sind."

„Ja, die suche ich", antwortete Jonatan.

„Wir suchen uns auch, auch wenn wir auf dem Weg sind, dem Herrn zu folgen. Der geht uns voran, es ist aber der senkrechte, schmale Weg. „Ich selbst verleugnete den Herrn dreimal, scheinbar, um mich vor den Juden und denen, die ihn suchten zu schützen, aber eigentlich weil ich ihn nicht erkannte", sagte Petrus und fuhr fort: „Ich sagte es dir schon, der Herr wirkt nicht im Nur-Irdischen, auch das erfuhr ich. Bei meiner ersten Begegnung, Jonatan, da habe ich ihn –es war eine Intuition – erkannt. Ich war einst Fischer am See Genezareth, hatte einen wirklich guten Ruf, viele Händler kauften bei mir und dann plötzlich war er da und sagte nur: *Folge mir!*"

„Hast du es wirklich getan?", fragte Jonatan.

„Ja", sagte Petrus.

„Aber Petrus, … wenn du verkündest, uns betroffen machst von der Lehre des Herrn, hier in Rom, steht dies nicht im krassesten Widerspruch zu der Volksreligion der Vergöttlichung Cäsars?", fragte Jonatan.

„Ja", sagte Petrus, „aber viele sind hellhörig und hellsichtig genug, um an den Herrn zu glauben und daran, dass wahr ist, was er gesagt hat; wieder andere glauben, dass er Gott ist, andere bauen auf ihn, das heißt, sie lieben ihn. Danach fragte mich der Herr selbst, dreimal war es. Ich weiß es, Jonatan, aber jede Antwort, die man dem Herrn gab und gibt, ist folgenschwer, doch zurück in die Vergangenheit können wir nicht, denn er ist die Zukunft", sagte Petrus.

Jonatan verstand, verstand auf seine Art Petrus. Was er verstand war, dass er nicht auf die Ankunft des Messias wartete, nicht dem Ruf des *Ananias* zurück nach Jerusalem folgen würde; sich aber selbst zu folgen, war kein weniger steiniger Weg als der, den er damals gegangen war mit all den vertriebenen Juden zum Hafen von Portos Romae.

61. Abschnitt

Sein erster Name war Lucius Domitius Ahenobarbus. Er war blond, blauäugig, ganz ohne körperlichen Makel. Er hatte eine Mutter, die ihn am 15. Dezember, im Jahr 37 geboren hatte. Das war in Antium, an der Küste Latiums, nahe Roms gewesen.

Die Konstellationen der Sterne war nicht die, dass Saturn und Mars im selben Zeichen standen, und auch nicht so, dass der Mond zwischen ihnen stand. Denn die als schön geltende Mutter, Agrippina, war für ihren Ehrgeiz, Stolz, aber auch Machthunger bekannt. Ihr Mond hatte Einfluss. Schon mit seinem vierzehnten Lebensjahr, im Jahr 51, wurde der Sohn als erwachsen erklärt, das hieß Senator und Prokonsul in Rom. Er war in Literatur, Latein und Mathematik gebildet und interessierte sich für Architektur, Kunst und das Theater. Als 17-Jähriger führte der Prätorianerpräfekt Burrus ihn aus seinem Palast, und die Garde begrüßte ihn mit Jubel- und Imperatorrufen, den neuen Herrn dieser Welt. Das war um den 13. Oktober des Jahres 54, ab da hieß er *Nero*.

Jahre später, in einer rückläufigen Quadratur, wurde der Mond ein Opfer des unkontrollierbar geworden Mars. Die schöne Mutter, Agrippina, wurde am 23. März 59 auf seinen Befehl hin ermordet.

62. Abschnitt

Der Baumeister, der wieder Vertrauen in sich gefasst hatte, suchte mit dem Kind in seinem Arm das verarmte Haus in einem der hügeligen, siebzehn Bezirke Roms auf, von dem er wusste, dass dort die Mutter lebte. Wie es ihm Saturnina geraten hatte, klagte er nicht gegen sie, sondern ließ zu, dass sie ihrem Kind in seine hellen zukunftserfüllten Augen sah. Da schwand auch bei ihr nach und nach die verzweifelte Stimme, jene gegen sich selbst und jene verzerrte, durch die sie das Kind einst in den Katakomben zurückgelassen hatte. „Mein Bruder hat dich für tot erklärt, noch vor dem Gladiatorenkampf", sagte sie ihm.

„Ja", antwortete, „und wie du siehst, dieser Tote schenkte ihm Leben, dir dein Kind zurück und uns."

Dennoch blieb er gefährdet als Gesuchter. Als ein solcher half er den Gefährtinnen und Jonatan, diesen schmalen Durchbruch und den Gang zu schaffen, zwischen dem Kultraum im Esquillinhaus zu den naheliegenden Katakomben.

63. Abschnitt

Donata gab nicht auf, Reichtum mit Reichtum zu vergleichen, erst recht nicht nach dem Gespräch mit Pudens.

Sie sah aus einiger Entfernung, an der Brücke, die die beiden Seiten Roms miteinander verband, an diesem Frühlingstag, im Jahr 56 eine große Ansammlung jubelnder Menschen stehen. Nach nicht allzu langer Zeit erblickte sie dann, was passierte, jubelte aber nicht mit, als in Viererreihen zwei Heereseinheiten Soldaten über die Brücke hinausmarschierten, stadtauswärts, und nur Staubfahnen regloser Tänze blieben. Nero brauchte Gold. Ob sie je die goldene Fahne, zu der sie hinstrebten, nach Rom bringen würden, war ungewiss. *Oder bringen sie doch nur neuen Staub*, sinnierte sie.

Sie erinnerte sich, Pudens hatte es gesagt, deren Ziel war weit und hieß Armenien. Ein geteiltes Land, nicht nur im Einflussbereich des Kaisers von Rom, sondern auch des Volkes der Parther. Diesem Volke sagte man großen Reichtum nach.

Eine andere Art Reichtum begegnete ihr wenig später, als sie im Tempel der *Meta Theon* war. Weil sie stumm und sprachlos war, war sie drastisch in rotgeädertem Marmor, eine Statue. Sie zeigte ein junges, göttlich beherrschtes Gesicht, dem Kopf aber fehlte die letzte Glättung, die Vollendung. So war das Antlitz selbst im wahrsten Sinne unvollendet, nur roh skulptiert; fast verborgen im Stein waren Hände und Füße. Sie fragte sich: *Was bedeutet mir das? Ist es noch das resignierte Zurücktreten vor der größeren Menge des Marmors, bevor es sich ganz verwirklichen konnte, oder ist es der Reichtum der vollendeten Gestalt, der wie verborgen ein Teil seiner Sichtbarkeit zurückhält? Wie hat sich der Herr gezeigt, als er auferstand ... und Maria die Namenlose ihm gewahr wurde? Wie erkenne ich ...? War es die vollendete Majestät, der unsagbare Reichtum des vollendeten Menschen, jenes, der ohne Volkes-, Stammes-, Sippen- und Familienherkunft war, ... gilt dem meine suchende Sehnsucht? Bin ich alleine damit?*

„Wessen sinnst du nach, Donata?“, fragte die zu ihr getretene Hilaria.

„Ja ...“, antwortete sie nach einer Weile, nachdem sie sich

von ihren inneren Fragen gelöst hatte, und fuhr fort: „Sieh nur vor dir! Kein Goldglanz, kein edler Schmuck, keine im Tageslicht schimmerten Waffen oder farbigen Gewänder zieren versöhnlich das Hiersein derer, die hier sind, weil sie keinen gedehnten und gespannten Körper, Arme, Hände oder Beine mehr haben oder die Schönheit ihrer sinnlichen Figur sie völlig verließ. Mit Gesichtern, die ausgeharrt haben, gegenüber allem, was sie vor sich, links und rechts neben sich und unter sich sahen. Durch ihre Augen spricht, trotz allem beleuchtet von dem geheimnisvollen, von oben kommendem Licht, manchmal deren Seele, obwohl sie meist kaum noch ein Wort formulieren können. Ich bin voll stiller Bewunderung dafür, dass sie in ihrer so manchmal reizlos erscheinenden Behausung ihres Körpers, aber auch des Tempels, der so unscheinbar ist, weder durch Glanz noch durch Gold Blicke auf sich ziehen wollen."

Hilaria setze den Gedanken fort: „Hier gibt es anderes Gold, nicht das der Münzen."

„Ja", antwortete Donata, „das der verschwiegenen, fast unaussprechlichen Bedeutung. Glaub mir, Hilaria, es ist die Zeit, den zu suchen, der vollendete Menschlichkeit hat."

64. Abschnitt

Rustica und Paulina waren bei den Sklaven, dort, wo das inzwischen fertig gebaute Aquädukt fast unmittelbar am Circus Maximums verlief. Auf einem Vorplatz, neben den Schautribünen des Circus, probten jene Ringer, für die es nur zwei Preise gab, wenn die Spiele beginnen würden, einer davon war ihr Tod.

Merkwürdig war es schon für die beiden, die sich abplagenden, spärlich bekleideten Gestalten zu sehen, eine nach der anderen von der Ekstase des Sieges beseelt, angefeuert von wenigen Zuschauern auf den Tribünen und über allem der stumme und starre Blick des kaiserlichen Hofmarschalls, dessen Anwesenheit das Geschehen heiligte, zu sehen, wie die muskulösen und herausfordernd gespannten Körper sich gegenseitig in den staubigen Boden schmissen, und bei ihnen, je nach Geschick, Beherrschung, außergewöhnliche Anstrengung und das Ertragen von Schmerzen zum Ausdruck kam. Dem dabei Siegenden war streng untersagt, den Besiegten weiter zu behelligen, das taten andere.

Immer wieder kamen einzelne der Zuschauer, edelst gekleidete Frauen und Männer, an den Rand der Arena, gaben die Anzahl der Peitschenhiebe für die Besiegten an, grüßten devot dem Hofmarschall und zeigten ihm dann unterschiedlich, aber mehrfach die gespreizte Hand. Der aber reagierte gar nicht oder grüßte winkend zurück. Erschrocken erfasste sie der Gedanke, Rustica stand zornig auf: Sklavenhändler, mit dem Hofmarschall handelnde, waren es.

Wieder nahm einer der Ringer den zwanzigsten Hieb mit der Peitsche mit zusammengepressten Lippen hin. Plötzlich aber wandte sich der kräftige Mann um und versetzte dem Peitscher einen kraftvoll betäubenden Schlag in sein grinsend dummes Gesicht. Der Sklavenhändler eilte herbei und brüllte: „Du idiotischer Sklave, Sklave, Sklave!“

Da hatte Rustica die beiden erreicht, stellte sich entschlossen vor den auf dem Rücken blutenden Mann. Der Sklavenhändler mit dem rabenähnlichen Gesicht war kurz irritiert, schrie dann laut: „Weib, Weib, verschwinde, was bist du?“

Sie schleuderte ihm ihre Antwort entgegen: „Herr, ich bin ein Mensch, und was bist du?“

Alle aber sahen erschrocken zur Tribüne hinauf, als der, der das Geschehen segnete mit seinem Dasein, sich erhob und verschwand. Als Rustica von zwei Zenturios rasch aus der Arena geschleift wurde, verlor Paulina die Schwester aus ihren Augen.

65. Abschnitt

Zu spät war sie ihrer so plötzlich an den Arenarand gelaufenen Schwester nachgeeilt.

Alles ging schnell, nichts hörte sie von dem Disput mit dem Sklavenhändler, sah nur, wie der Einpeitscher durch den Schlag des Ringers zu Boden ging, plötzlich die Zuschauer aufstanden, der Hofmarschall verschwand und ihre Schwester von Soldaten fortgeschleift wurde. Sie war verzweifelt; als sie endlich am Rand des Ringes stand, bemerkte sie nicht, dass ein andere Peitscher neben ihr stand.

„Meine Schwester, meine Schw...“ – weiter kam sie nicht, als der sie laut anbrüllte: „Die Gefangene, diese Irre ….“, und schon seine Peitsche zum Schlag anhob, als plötzlich von hinten eine starke Hand die des Einpeitschers umklammerte, und sie hörte deren Handknochen brechen. Die Peitsche fiel. Es war der Ringer, vor dem sich Rustica aufgebaut hatte. Sie sah in die ruhigen Augen des Mannes, einen Augenblick war wie ein gegenseitiges Verstehen da, bevor er nur nickte und sich bereitwillig von Soldaten abführen ließ.

Paulina, zum ersten Mal seit Langem von ihrer Schwester

getrennt, verließ die Arena, suchte den Weg durch die Gassen.

Vielleicht ist sie frei …

Nein, das ging nicht. Das letzte Wort, das sie von ihr gehört hatte, war *Mensch.*

Warum habe ich das nicht erkannt?, trieben sich ihre Gedanken fort.

Sie erreichte die Kammer, in der sie die Gefäße schuf, die Vasen, die Karaffen. Hier war es ruhig, der Lärm der Gassen war ausgespart. Gedankenverloren setzte sie sich auf einen Schemel. Sie war geschwächt. Dann griff ihre Hand wieder nach der Scherbe, die ihnen Petrus einst mitgebracht hatte, von ihrem Vater. Es war eine Zeit her, aber … sie war da. *Aus dem Gefäß, aus dem ihr als Erstes trankt.*

Ich auch, dachte sie. Ja, ich auch.

Danach das Aufwachsen am Rande der arabischen Wüste, als sie nachts die Sterne zählten. Wer zählte mehr, sie oder ihre Schwester, jedenfalls so viele, dass sie aneinandergedrückt eingeschlafen waren.

Dann plötzlich die Soldaten und der auf dem roten Ross sitzende Reiter. Später die gequälte Teilung der Massen an Sklaven, die einen ritt er mit wehendem Umhang voraus nach Jerusalem, sie anzuklagen, die anderen zu versklaven schickte er nach Rom. Die Ankunft dort war Befreiung aus dem Gestank von Schweiß und Not in den unteren Decks der Kriegsgaleere; sie stießen, pressten und hielten sich aneinander.

Da plötzlich entglitt ihr die Scherbe, aber zersplitterte nicht ganz. Sie stand auf. „Wo bist du Schwester?“, fragte sie sich, … wo, nur?“

Das Licht, das in diesen kleinen Raum fiel, war das Abendlicht.

66. Abschnitt

Zum Hafen, zum Tiberhafen, ging Jonatan in Begleitung von Petrus. Hier fanden sie auch wieder den Fischer aus Felica Cicorea.

„Es ist lange her, dass ich euch sah,“ sagte er an Petrus gewandt. „Doch ich hörte, Herr, dass manche bei Euch sind, die Euer Wort hören wollen. Du bist einer der Jünger des Herrn. Ich erkannte es damals nicht, als du mir halfst beim Fischen. Aber ich ahnte es“, sagte er.

„Nicht mein Wort ist es, Freund, das manche hören wollen, es sind die Worte, die der Herr sprach, und ich, so ich es kann, versuche, sie wiederzugeben. Ja, ich war mit beim Herrn, und er sagte mir auch: *Geht hinaus zu den Menschen, verkündet es!*“

„Was meint Ihr damit, … *verkündet es*?“

Petrus hielt inne, dann sagte er: „Die Gottesbotschaft, … den einen Weg, bei dem er uns voranging und den wir gehen können, wenn wir es wollen.“

„Wo ist dieser Weg?“ fragte der Fischer.

„Nach seinem Wiedererscheinen ist dieser Weg nicht mehr im Äußeren. Er ist nirgendwo, nur in dir selbst.“

„Ihr meint jetzt den senkrechten Weg, nicht wahr?“, fragte der Fischer weiter.

„Ja“, sagte Petrus und setzte fort „der Herr kam, um bisher Verborgenes unverborgen zu machen, aus der Sphäre des Lebens.“

„Da kommen wir alle her, wir sind schließlich alle einst geboren worden“, sagte der Fischer.

„So ist es“, sagte Petrus, „und wir vergaßen es, und jetzt stoßen wir immerzu auf Fragen und werden geblendet von all den schillernden anderen Wegen, die wir gehen können.“

„Heißt das, wenn ich mir die Frage nach dem stelle, wo der Herr ist, dass ich mich also selbst zu der Antwort entscheiden, sie bejahen oder ablehnen kann, also alle Verantwortung bei mir liegt?“

„Ja“, bestätigte Petrus, „die Verantwortung für dein Verhältnis zum Herrn liegt bei dir. Ich vermag dir alles nur zu sagen aus meiner Verantwortung, und ich sage dir, er kommt dir entgegen. Dies ist eines der Vermächtnisse, die er jenen gab, die ihn suchen.

Jonatan dankte wortlos dem unbekannten Fischer, von dem er auch wusste, dass er einst Donata, Hilaria und Saturnina aufgenommen hatte, nach der Schiffskatastrophe. Die Klarheit dieses Mannes, der ahnte, was im Jahr 33 wirklich geschehen war, ließ ihn darauf schließen, dass hier eine andere Art Verwandtschaft bestand.

Nun trat die Frau des Fischers zu ihnen und grüßte sie. An Petrus gewandt sagte sie: „Was ihr sagtet über den Herrn, muss doch ein Ärgernis sein für alle, die meinen, sie wären göttlich, wie auch der Cäsar?“

Er antworte: „Ich weiß, dass es ein Ärgernis ist, denn der Herr hat nie äußere Macht beansprucht, das war auch so, als wir ihn begleiteten. Er sagte uns einst, sein Reich sei nicht von *dieser* Welt. Seines ist die Welt des Lebens, weil er die Welt des Todes und der Vergänglichkeit überwand.“

Nah und dicht trat sie an Petrus heran, sah ihm in seine

Augen und fragte: „Glaubt Ihr das?“

Petrus lächelte, mochte ihren hellen Blick: „Frau“, antwortete er, „Ich trachte nach dem, was in mir ist, mir aber auf Erden allein unerreichbar ist, denn ihn mir wohnt ein Licht: Der Herr gab es, dem das Licht der Welt ist – das Einzige, das meinen Weg beleuchtet. Und ihr schenktet die richtige Frage.“

Jonatan hatte nie erlebt, einen Hohepriester so sprechen zu hören, erkannte unmittelbar, was Petrus von jenen unterschied und bedankte sich bei der ihm unbekannten Fischerin.

67. Abschnitt

Es stank undefinierbar nach alter Not, Schweiß, stehender Luft, fauliger Feuchtigkeit und rauchfarbenem Schmutz. Die Gitter waren rostig, an anderen Stellen wie abgeschmirgelt, glatt. Links, rechts und hinten Mauern. Dahinter begannen die Katakomben. In Rom gab es siebzehn Gefängnisse, in jedem der städtischen Bezirke eines. Das kleinste, schmutzigste und erbärmlichste war an der alten Gräberstraße.

Hier hockte sie, über ihren Schultern gelegt eine nicht ganz saubere Decke, nur für eine Nacht. Auf dem Boden lag Heu, irgendwo huschten Ratten. In einer Wandnische ein Kerzenstumpf, der diese Nacht nicht überstehen würde. Trost spendete nur das fahle Zwielicht, das vom Eingang des Kerkergewölbes einfiel. *Bloß eine Nacht*, hatte der Pretorianerrichter gesagt, dem aufgegeben, sie zu richten, das würde reichen. Im Saal links hatten sie gesessen, fünf Angeklagte, darunter Rustica, rechts die Kläger.

„Sklaven, nicht fügsam und stark genug. Die Männer, alles Ringer, sollten vorbereitet werden als Gladiatoren. Ihr Verbrechen war, dass sie die wahrhaft edlen Treiber angriffen, als sie mit ihren ledernen Peitschen die Rücken dieser Irren blutig schlugen; noch schlimmer: Sie haben sich gewehrt“, führte der klagende Sklaventreiber mit einem an Heuchelei grenzenden Unterton und mit einer betont lauten Stimme aus.

„Und die Frau?“, fragte der Richter.

„Die hat den goldbringenden Handel zwischen mir und dem Hofmarschall gestört, sodass der Hofmarschall die Arena verließ. Dann hat sie sich vor einen dämlichen Sklaven gestellt und gesagt, es sei genug.“ Er wandte sich dann an Rustica. „Steh auf, Weib!“, befahl er.

Sie stand auf. Mit zusammengepressten Lippen und dem Ausdruck, dass diese Frau ihm zuwider war, fragte er: „Wer hat gesagt, dass du das machen sollst?“

„Niemand“, antwortete Rustica.

„Wer bist du?“, frug er weiter.

„Rustica“, war die Antwort.

„Was bist du?“, war die nächste Frage.

„Eine Freigelassene.“

Zuletzt: „Bist du Christin?“

Da wurde es still im Saal. „Nein“, sagte Rustica, „ich bin ich ...“

Gerechnet hatte er mit einer anderen Antwort, dann fasste sich der Richter: „Du bist gänzlich wahnsinnig, Weib, es gibt kein Ich, außer das des göttlichen Kaisers.“

Dann wandte er sich an den auf der rechten Seite sitzenden Hofmarschall und den Sklavenhändler, die beide zufrieden nickten.

„Hört“, sagte er, „und auch du, Weib: Dies ist mehr als eine Warnung an dich. Eine Nacht im Verlies müsste aber reichen, dass du wieder zur Vernunft kommst.“

Ein Wachsoldat trat herbei, drehte Rustica den Arm herum und führte sie langsam ab. Nicht entging ihr dabei jener hämische, begierdelüsternde Blick in dem aufgedunsenen Gesicht des rabengesichtigen Sklavenhändlers, er taxierte sie.

68. Abschnitt

Habe ich etwas falsch gemacht, was habe ich nur falsch gemacht?, fragte sie sich selbst.

Sie kauerte vor Kälte in einer der Ecken des Kerkers. Das Licht schwand, es wurde Nacht. Der Wachsoldat kam, jener, der sie hierhin geführt hatte und im Gerichtssaal abseits gestanden hatte. Er reichte ihr einen Krug Wasser und zwei Scheiben trockenen Brotes. Sie nahm es schweigend entgegen.

Dann sprach er sie an: „Frau, passt auf, was in der Nacht passiert. Ich komme im Morgendämmern wieder, … Gott schützt … aber seid klug gleich einer Schlange.“

Wortlos reichte er ihr eine zweite, übel stinkende Decke, verschloss sorgsam das Gitter und ging. *Gott schützt ...*, hatte er gesagt. Rustica hielt noch die übel stinkende Decke in der Hand. *Warum gab er mir die?* Und damit legte sie sie in eine andere Ecke. Sie kauerte sich auf den Platz, wo sie auch vorher gesessen hatte. Den Kerzendocht machte sie nicht an. Sie lauschte, und ihr Blick ging in die Dunkelheit. Es war der Blick, der sah, aber nicht, um gesehen zu werden.

Nur die Dunkelheit sieht mich, aber kann sie sehen?, fragte sie sich. *Die Dunkelheit, die sich so langsam fortbewegt. Was ist, wenn ich mich ganz mit ihr verbinde? Vielleicht in der Absicht, den Verfolger, die merkwürdige Angst loszuwerden, die mich beschlichen hat. Was wäre, wenn ich diesen Verfolger gar nicht loswerden wollte, darauf verzichte? Dies alles nur ist, damit ich nicht an mein eigens Sein erinnert werde ...*

Fast war sie in sich zusammengesunken, jetzt richtete sie sich innerlich wieder auf.

Gibt es für mich jetzt etwas, was dieser meiner Not und aller Not ein Ende bereiten würde, und wenn ich auch darauf verzichten würde?, fragte sie sich selbst. *Käme ich dann noch einmal in ein so finsteres Loch wie das, in dem ich hier drin bin?*

69. Abschnitt

Diesem *finsteren Loch*, dem Eingang des Verlieses gegenüber war eine der römischen Tavernen, in der es sechzig Sorten Wein gab. Niemand wusste, wer die Frau war, die in dieser Nacht hier erschien, sich entschlossen über die Begehrlichkeiten der trunkenen Männer hinweg zu dem Rabengesichtigen setzte. Der, trunken wie immer, erzählte ihr fast lallend von dem irren Weib, das jetzt im Kerkergewölbe saß.

„Warum sitzt sie da für eine Nacht?“, fragte die Frau.

„Die hat sich“, und ihr war es schwer verständlich, was er lallend sagte, „vor einen aufsässigen Sklaven gestellt, ich konnte mit dem Hofmarschall nicht weiter handeln.“

Dann stieß er vor Aufregung, die sein rot geflecktes Gesicht zeigte, sein Weinglas um und brüllte laut: „Die, die hat mich gefragt, ob ich ein Mensch sei!“

„Wirt!“, rief er, „hol was zum aufwischen und bring allen hier, alles meine Freunde, einen Wein! So edel bin ich schließlich. Aber“, fuhr er leiser, fast verschwörerisch fort, „das Weib hat eine gute Figur und Brüste“, und flackernde Begierde stand in seinen Augen.

„Habe ich auch“, sagte die Frau, wobei sie ein wenig über ihr giftgrünes Gewand strich, doch ihr abwartender Blick aus ihren glasklaren Augen zielte auf anders, als es der Betrunkene hätte vermuten können. Er stierte wie umnebelt auf das neue Glas Wein, dann sagte er plötzlich: „Was willst du eigentlich von mir?“

Sie neigte jetzt ihr Gesicht ganz nah an seines und flüsterte leise: „Lass sie uns herholen, und du darfst entscheiden.“

Er war erheitert von diesem Einfall.

„Doch wir müssen sie dann aus dem Kerker holen“, lallte er.

„Aber du, so ein bedeutender Mann wie du, trägst doch bestimmt einen Schlüssel davon bei dir.“

Er war ganz beeindruckt, wie betört, das von dieser unbekannten schönen Frau zu hören. Leise, etwas deutlicher sagte er dann: „Sicher, ja sicher, wie viele Sklaven holte ich in den Nächten da schon raus, um sie dreifach teurer zu verkaufen, als was der Hofmarschall mir dafür gab.“

„Ich wusste es, dass du klug bist“, sagte die Frau schmeichelnd und hielt ihm ihre Hand hin, dass er den Duft ihrer Haut riechen konnte. Kurz darauf verließen ein wankender Mann und jene Frau die Taverne. Es war in der Stunde, die am dunkelsten ist, die vor dem Morgengrauen.

70. Abschnitt

Rustica schlief ein, wachte wieder auf, lauschte, und die Kälte kroch immer mehr an ihr hoch. Sie stand auf. *Auf alles will ich verzichten*, sagte sie sich, *auf die merkwürdige Angst, die Ungewissheit vor dem, was geschieht, und darauf, dass in dieser meiner Not und aller Not jemand wäre, der dem ein Ende bereiten würde.* Sie legte sich wieder in die dunkle Ecke, aus der sie aufgestanden war. Schlief unruhig ein, wachte, schlief erneut ein, wachte wieder auf und stand still.

Sie lauschte, bewegte sich langsam dorthin, wo der Eingang und Ausgang des Kerkers war. Ein Schlüssel drehte sich, dann ein Windzug, Schritte und unsichere Schritte, alles in dem eigenartigen Dunkel.

Dann flüsterte jemand wie mit vorgehaltener Hand: „Gott schützt ..."

War es der Wachsoldat, nein, es war keine männliche Stimme. Dann rülpste jemand und schrie: „Weib komm her!"

Eine Stimme, die sie erkannte. Dann wurde die Gittertür einen Spalt weit geöffnet. Da fiel es ihr ein: *Sei klug wie eine Schlange.* Im Nu griff sie die zweite Decke, rannte der Gestalt entgegen, warf den stinkenden Lumpen über sie und stieß sie weiter in den Kerkerraum hinein.

Eine Hand packte sie und zog sie aus dem Kerker, schlug die Gittertür zu, schloss ab und lief mit ihr zum Ausgang, auch den schloss sie ab, wobei sie sagte: „Mein Bruder, der einfache Soldat, … kommt im Morgengrauen, er lässt ihn frei. "

71. Abschnitt

Das Licht, das in diesen kleinen Raum fiel, war das des Morgengrauens. *Wie wird es sein, wenn die Vorstellungen all jener möglichen Grauen, die der Schwester widerfahren könnten, sich bewahrheiten?*, fragte Paulina sich. Was, wenn sie ohne die Schwester weiterleben müsste? Melancholie legte sich über ihre ohnehin übernächtigten Augen, was ihr Antlitz durchsichtiger machte. Zunächst wusste sie noch nicht, was sich aus dem fast noch Verborgenen dieses Tages emporarbeiten wollte zu ihr hin. Sie hatte Furcht, schaute aber hinaus. Als plötzlich von außen ihr Name erklang, begann sie zu zittern.

72. Abschnitt

„Du hast dem Prätorianerichter gesagt, dass du keine Christin bist, und ihm eine rätselhafte Antwort auf seine Frage gegeben, wer du bist? Du sagtest *Ich bin ich*. Er hat dich daraufhin für wahnsinnig erklärt und sagte, es gebe kein Ich, außer das des göttlichen Kaisers. So erzählte es mir mein Bruder, der Wachsoldat. Sag mir, was willst du mit dieser Antwort ausdrücken?“, fragte die Frau, die mit Rustica in dem kleinen Raum bei Paulina saß, in den jenes wartende Licht der Frühe fiel. Sie hatten sich wiedergefunden, Paulina und Rustica, dank der, die diese Frage an Rustica stellte.

„Ich will es dir sagen, ich erlebte es auch in der vergangenen Nacht. Ja, ich hatte Angst, weil ich nicht sicher ausmachen konnte, ob der Rattengesichtige, der mich in den Kerker gebracht hatte, nicht doch kam, um mir das Gewand vom Leibe zu reißen und an mir seine lüsterne Begierde zu befriedigen. Schon im Gerichtssaal traf mich sein Blick und seine Absicht dazu. Ich hatte auch die Furcht, dass in dieser meiner Not und aller Not keiner wäre, der dem ein Ende bereiten würde. Darüber schlief ich ein, es war nur kurz, die Kälte ließ mich fast erstarren. Ich stand dann auf, und nur die Dunkelheit sah, dass ich das tat. Und zu ihr gewandt sagte ich: *Ich will verzichten, auf die Angst, die Ungewissheit vor dem, was geschieht, und darauf, dass in dieser meiner Not jemand wäre, der dem ein Ende bereiten würde*. Dass ich das tat, heißt, ich blieb, war nur Ich. Und dann kamst du. Aber warum kamst du, mich aus diesem finsteren Loch herauszuholen?“, fragte sie die Frau.

„Ich kam, weil mein Bruder, der am Rand des Gerichtssaals stand, so sehr beeindruckt war von dir, dass er mir sagte: *Diese Frau, die ich einkerkern musste, war eine wie ich sie noch nie erlebte. Sie konnte das, was uns oft fehlt: herauszuschauen aus der Furcht und hineinschauen in die Angst, ohne sich darin zu verlieren. Denn sonst hätte der Richter sie gleich dem Rattengesicht übergeben.* Da wollte ich zu dir, dich sehen. Mein Bruder sagte mir dann, wie ich es anstellen sollte; der Sklavenhändler war ihm mehr als zuwider und du erschienst ihm nicht wie ein gänzlich wahnsinniges Weib.“

Rustica reagierte: „Ich bin nicht wahnsinnig. Aber bist du dir gewiss, dass wirklich nur der göttliche Kaiser ein Ich hat, wie es der Richter sagte?“

„Nein“, antwortete die Frau, „dies ist ihm nicht allein vorbehalten, trotz all seiner Macht und dem äußeren Glanz.“

„Wenn es nicht einem Einzelnen nur vorbehalten ist, wer

gab es uns dann?“, fragte Rustica nach.

„Es ist Gnade, Gnade von oben … Rustica, und entweder liebst du sie oder verwirfst sie. Sie aber, diese Gnade selbst, sagt nie wieder *ja*, nie wieder *nein*, nie wieder *vielleicht* zu dir, sie ist bei dir“, antwortete die Frau.

Paulina sah aufmerksam die seltsame Frau an, während sie dem Gespräch folgte. Intuitiv gewiss fragte sie: „Spricht so eine Sklavin, deren freigelassener Bruder, ein einfacher Soldat, mir meine Schwester zurückbrachte?“

„Ich bin keine Sklavin, Paulina … gewiss nicht!“, antworte ihr herzlich zugewandt die Frau. „wenn die oberflächlichen Schichten aus irrlichtigem Glanz, Macht, Reichtum, Gewalt und Überlegenheit über Sklaven aufreißen, entstehen heftige Wirbel und erzittert manches. Und wie erzittert manchmal auch die der Aristokratie, wenn ich die mit Gewalt erzeugten Kinder aus den Leibern der Mütter hole und es vorkommt, dass die Mütter oder auch die Kinder dabei sterben. Und noch anders ist es, sind die Kinder gezeugt von unbekannten Vätern, wie bei den Sklavinnen mit ihren durch Armut, Schmutz, Hunger und Gewalt geprägten, aussichtslosen Existenzen.“

Die beiden waren berührt davon, was die Frau ihnen erzählte.

„Jetzt spricht du, wie wärst du eine von uns“, staunte Rustica.

„Nein, sagte sie, „ich bin keine von euch, aber Donata war mit dem Kind auf ihrem Arm bei mir.“

„Dann seid ihr die Giftmischerin, die nach dem *Gesetzeskodex des Hammurabi*, des Arztes aus dem alten Orient, den Tod nicht vermeiden kann, aber das Leben heilt, … Ihr seid Lucusta.“

„Du sagst es, Rustica“, erwiderte sie.

73. Abschnitt

In Jerusalem wurde durch den Kaiser Roms *Herodes von Chalkis* als König eingesetzt. Er hieß jetzt König Herodes Agrippa der Zweite. Er setzte seinerseits *Ismael ben Phiabi* als Hohepriester ein. Das war zwischen 59 und 61.

Jonatan schrieb nach Jerusalem, aber nicht mehr an *Ananias,* sondern an *Ismael ben Phiabi.* Sein Schreiben war umfangreich, aber einfach in dem einen Punkt, um den ihn Ananias gebeten hatte: *Komme zurück*. Er werde nicht zurückkommen, schrieb er, denn es gäbe etwas in Rom, was ihn sehr erschüttere, dem er sich aber unbedingt stellen wollte, denn es beträfe nicht nur ihn. Er bat nicht um Verständnis, dass er sich so entschlossen hätte, sondern übernehme dafür die Verantwortung.

Dann folgte sein Bericht an *Ismael ben Phiabi.*

Hoher Bruder,

wie wenig ähnlich ist das römische Fest der Juvenalia dem Taurobolium. Wie erhitzt war beim Taurobolium das Blut der geopferten Stiere und das der Sieger. Alle erhielten dann die Bluttaufe vom geopferten Stier. Das Volk jubelte.

Wie jubelte die römische Aristokratie über die Juvenalia, als der Kaiser sich mit 22 Jahren seinen Bart abnehmen ließ. Zuvor aber ließ er seine eigene Mutter ermorden, wegen ihres angeblichen Hochverrats, und er ließ ihr großes Vermögen einziehen, wie das auch noch vieler anderer.

Aber keine Künstler waren es, die auftraten, sondern Senatoren und Ritter traten vor das Publikum, und dann am Ende trat er selbst auf, er, der Herr der bekannten Welt, als lyraspielender Künstler. Die, Art wie er auftrat, war, als wollte er nicht mehr ganz darinnen sein, sondern etwas außerhalb der Bürde seines Kaiserseins. So schwebte er, floh vor ihm, verwarf es fast. Offenbar erscheint ihm dies als die einzig ihm mögliche göttliche Form. So seid nicht verwundert, dass neue Spiele von ihm gestiftet wurden, die Neronia. Sie fanden nicht in der Kaiserstadt, sondern in Neapel im Jahre 60 statt. Dort trat der Künstler, also Nero, wieder selbst auf. Aber glaubt es mir, nicht um die vorgetragene Poesie, um die Perfektion des Schauspiels oder dem schönen Klang der Musik ging es ihm, sondern um sein von sich überzeugtes Wähnen, dass er nichts verloren habe, er die ganze Welt besitze und jeder und jedes ihm dienstbar sei. Das breite Volk ergötzte sich an ihm, aber nicht alle. Die weniger vielen, die der Aristokratie Zugehörigen, waren empört, sie verdammten, was geschah. Es war ihres Herrschers und Imperators nicht würdig. Warum ich Euch dies schreibe, erkennt Ihr gewiss: Dieser Kaiser hat nicht nur eine Wunde, derer sind es mehr.

So endete Jonatas Bericht.

„Sei dir bewusst, dass du nicht wirklich weißt, ob du verstanden wirst und wem du schreibst, du kennst ihn nicht und weißt nicht wirklich, wer er ist, du schreibst ihm als Träger dieses Amtes. Du gibst diesem Schreiben Bedeutung bei, aber du weißt nicht um die Reaktion. Es könnte zu einem Bruch kommen“, sagte ihm Petrus vorausahnend dazu, bevor Jonatan das Schreiben verschickte.

Aus der Chronik jener Zeit

Die Ermordung Jonatans, des Rabbis, im Jahr 62 n. Chr.

Seneca legt im Jahr 62 seine Ämter für den Kaiser nieder

Paulus in Gefangenschaft

Der Feldherr Gnaeus Corbulo wird genötigt, sich selbst zu töten

Der neuntägige Brand Roms, der am 18./19. Juli des Jahres 64 n. Chr ausbrach.

Beginn der Neronischen Christenverfolgung

Gestalten mit historischen Bezug

Jonatan, der Rabbiner, Begleiter von Donata, Hilaria, Paulina, Rustica, Saturnia. (die Gestalt ist angelehnt an den Hohepriester Jonathan, er wurde ermordet (nach biblischen Quellen).

Tigellinus, Prätorianerpräfekt und Stadtpräfekt (Präfekt = hoher Zivil- oder Militärbeamter im alten Rom), Verwalter kaiserlicher Edikte (= altrömischer amtlicher Erlass des Kaisers)

Paulus, der in römischer Gefangenschaft gehalten wurde, der aber auf seiner Missionsreise nach Griechenland in Korinth im Jahr 58 den Feldherrn Gnaeus Corbulo begegnete.

Petrus, Apostel, wurde in Rom im Jahr 64 oder 65 mit dem Kopf nach unten gekreuzigt.

Lucusta, Gift- und Heilkundige.

Gnaeus Corbulo, Feldherr des Nero, der gegen die Armenier für das Imperium Romanum kämpfte, der vom Kaiser der Verschwörung beschuldigt wurde und sich auf dessen Befehl bei seinem Aufenthalt in Korinth selbst töten musste.

Seneca, ab 49 Philosoph, Erzieher, Lehrer, Berater Neros, war wesentlich im kaiserlichen Hof und in die Regierung als höchster Beamter (Suffektkonsulat) im alten Rom mit eingebunden.

Römische Kulte neben der Staatsreligion

Die römische Staatsreligion wurde von einem mächtigen Priesterbereich geleitetet, eine Art auf Lebenszeit eingesetzte Priesterbeamtenschaft, die Flamines genannt wurden.

Haruspices, sagten die Zukunft aus den Eingeweiden der Tiere vorher und waren gesellschaftlich hoch angesehen.

Auguren sagten die Zukunft anhand des Vogelfluges und der Vogellaute vorher. Wurden bei vielen öffentlichen, militärischen Entscheidungen befragt, wurden vom Senat auf Lebenszeit bestimmt und hatten einen festen Platz im römischen Kapitol. Verloren aber an Bedeutung gegenüber den Haruspices in der Zeit Neros.

Vestalinnen, hochangesehene jungfräuliche Priesterinnen aus der Aristokratie, dienten im heiligen Tempel der Göttin Vesta, der Göttin des Feuers.

Göttin Fama, die römische Personifikation des sich schnell verbreitenden Gerüchtes; wird mit fürchterlichem Antlitz und unzähligen Mündern beschrieben, gilt auch als Botin der Lüge und Wahrheit.

Meddix des oskischen Volkes, aus der Donata stammt. War eine Art Beamter in den Funktionen als Priester, Richter, Heerführer für ein Jahr.

4. Teil – Flammen

74. Abschnitt

Für die, die Waffen schmiedeten, im mächtigen Imperium Romanum, gab es ein vererbtes Wissen, auch wenn die eigentlich römische Zeit eben erst 125 Jahre alt war – das Imperium Romanum, nicht aber die Stadt Rom, deren Steine standen schon acht Jahrhunderte lang. Dieses schlichte Wissen besagte, dass, um an den Grenzen Frieden zu halten, mehr Waffen gebraucht wurden als in den Schlachten. Wobei die Annahme bestand, dass der Feind die gleichen oder ähnliche Waffen nutzte. Aber was war, wenn der Feind weder gleiche noch ähnliche Waffen nutzte, sein Land keine Grenzen hatte und seine Heere keine Waffenschilde trugen? Und weshalb war der Feind eigentlich Feind? Für den vom Argwohn besetzten Kaiser ging von diesem Feind auf jeden Fall eine Gefahr aus – so schwerwiegend, dass er ein Edikt erließ; das war im Jahr 61.

Er drohte mit dem Verhängen allerschwerster Strafen, unterließe es der Feind nicht, weiter so zu wirken, wie er es tat. Er verbot sein Auftreten in den Ansiedlungen, Dörfern, allen Märkten, in den Gassen und Straßen der Stadt, verbot deren Versammlungen. Dass dieses Edikt weit länger wirksam bleiben sollte als seine eigenen Lebensjahre, vermutete der Kaiser noch nicht, insofern kam ihm erhebliche Bedeutung zu, würdigte es den Feind doch. Nicht wegen der Massen seiner blutigen Waffenröcke, sondern wegen des unsichtbaren Schleiers der Verunsicherung, die der Kaiser ihm gegenüber empfand. Dieses Edikt enthielt zumindest des Feindes Namen und seines Volkes: *Chrestiani.*

75. Abschnitt

Eine betörende Landschaft, umgeben von dem blau glitzernden Meer, das an die schroffe Felsformation brandete. Im hügeligen Inneren der Landschaft gab es sehr geschützte Orte. Granatapfel- und Mandelbäume und andere üppige Baumbestände zierten die Wege, Blumen und blühende Büsche jeglicher Art und zierliche Vögel mit leuchtendem, farbigem Gefieder und ihrem morgen- und abendlichen Gesang. Wenige Bauern lebten hier und Hirten, die die Viehbestände hüteten. Bei ihren Hütten wurden Körbe geflochten, Häute gegerbt, Wolle versponnen und Teppiche geknüpft. In Schuppen daneben wurde Holz getischlert und Metall gegossen. Männer und Frauen gingen zu Fuß, für den Transport gab es Esel. Diese Landschaft umschloss die kleine griechische Ansiedlung Korinth, durchwärmt von der milden Sonne.

Hier hielt sich der Kaiser in einem weitläufigen Domizil auf. Für ihn verdunkelte sich das milde Licht, er litt an seiner Wunde, ihn, der nie an einem Feldzug teilnahm, befiehl Argwohn. Er galt seinen mächtigen Feldherren. So auch *Gnaeus Corbulo,* der erfolgreich in Armenien stritt. Ihn, diesen Feldherrn mehrerer Legionen, bestellte er nach Korinth ein. Nero wollte sich Corbulo gegenüber endgültig als der Imperator beweisen. Nero tat es, er drängte *Corbulo* zum Selbstmord. So hielt es der Kaiser für ein angemessenes Exempel bei Hochverrat. Ein anderer Weg wäre gewesen, ihm die Pulsadern aufschneiden zu lassen oder ihn in heißestem Dampf ersticken zu lassen.

Ihm konnte, genau wie bei des Kaisers Mutter, dieser Mord nie nachgewiesen werden. Danach schwelte eine dritte Wunde um den Kaiser, fast schon wie ein Geschwür.

Dass diese Wunde ausgerechnet im griechischen Korinth aufloderte, hatte damit zu tun, dass vor dem Kaiser im Jahr 58 einer hier gewesen war, der ein gewisses Licht mit sich gebracht hatte, das sehnsuchtsvoll aufgenommen wurde von den heidnischen Hellenen; es hatte einen gewissen Bestand in ihnen. Sie hielten damit Frieden.

Der Kaiser aber fiel – getrieben von sich, durch das In-den-Tod Drängen *Corbulo*s und seiner Mutter zuvor – in eine Finsternis, die der Intensität des bestehendes friedlichen Lichtes entsprach. Dieses Licht hatte Paulus, Paulus von Tarsus, nach Korinth gebracht. Der Feind Neros war sein Wort und dieses eine lichte Wort, das hellenistische, hieß *Logos*.

76. Abschnitt

Jonatans Wort, sein Schriftstück kam an. Es lag lange in einer Hand, buchstäblich in einer Hand. Das in den Raum hineinscheinende Licht, in dem derjenige stand, der es in seiner Hand hielt, war das gleiche, das auf der fast gegenüberliegenden Seite von Korinth und des mediterranen Meeres schien, in Jerusalem. Der es bekam hatte vor Jahren mit der anderen Hand einen geschlagen, dem bereits das Blut über Stirn und Wangen lief wegen der Dornen, die sein Haupt bedeckten. Es gehöre zu seiner Schulung, hatte man ihm gesagt, so einen zu schlagen. Er tat es. Nach einer Zeit öffnete sich diese eine Hand nicht mehr ganz, zog sich zusammen. Seitdem trug er immer einen Handschuh, er wollte nicht, dass viele Augen das, was sie immer festhielt, sahen.

Er beschloss, sich zu beraten. Sie waren nur zu dritt, aber jeder sehr mächtig. Der schwarze Handschuh fiel durch die sonst auch schwarze Kleidung nicht auf, die ähnlich der der anderen war. Ihr gemeinsamer Entschluss lautete: *Ja!* Der Vierte, der noch lernte, nicht ganz dazugehörte, wurde dafür bestimmt.

77. Abschnitt

Unauffällig, niemand hätte sagen können, wie alt er war. Verdeckt waren die Wangen von dem dunklen Bart, und schwarz gekleidet kam er am Tiberhafen an, als ihn das primitive Geschöpf, die zerlumpte Ausgestoßene, ansprach.

„Hilf, … hilf ...“, sagte sie matt.

Er verstand nichts, schaute über sie hinweg, sein Gesicht ausdruckslos, leer und sein Blick von merkwürdigem Glanz, der in die Weite ging. Er hatte einen Auftrag, das war das Einzige, was er verstand. Er sprach kein Wort, hatte schließlich den Boden der Stadt betreten, die als die größte Stadt und Inbegriff aller Sündhaftigkeit galt. Hier hatte er einen Auftrag, dafür gab es kein Schriftstück, keine Worte, nichts.

Als er vor dem Haus stand, dort das Zeichen des Fisches sah, fehlten ihm die Worte, die er nie gehabt hatte. Heftig klopfte er.

Als Jonathan die Tür öffnete, stach er siebenmal zu, drehte sich um und ging eilig zum Hafen zurück. Für ihn war das keine Sünde.

Doch noch bevor er das Schiff wieder bestieg, stand das primitive Geschöpf, die zerlumpte Ausgestoßene, wieder vor ihm, sehr bestimmt und laut fragte sie ihn: „Warum, … warum?“

Da schaute er kurz nach unten auf sein schwarzes Gewand, es hatte die feucht schimmernden Flecken roten Blutes überall. Als er wieder aufsah, kreuzten sich kurz ihre Blicke, dabei gerann etwas in ihm, über das er aber kein Wort verlor. Er hatte die Aufgabe bestanden, doch nur vor dem mit dem schwarzen Handschuh, ihr gegenüber hatte er nicht bestanden. Er stieß sie rücksichtslos zur Seite und floh.

Der, der starb, hatte keine sieben Sünden, eine aber auf jeden Fall: jene, die nicht zu verhindern war und die sehr schwer wog. Es war die: Er war sich seines Weges gewiss. Jonatan wurde im Monat des Wägens des Jahres 62 ermordet.

78. Abschnitt

Nero beugte sich. Es war der Plan, der ihn dazu veranlasste, er war architektonisch kompliziert, der Plan für dieses weitläufige Anwesen, in deren Mitte die *Domus Aurea* entstehen sollte, für alle die Kunstschätze des Imperiums mit goldenem Dach und für das ebenso goldene Gemäuer dieses Hauses. Doch da waren manche Gassen und Straßen mit Häusern und ärmlichen Hütten. Dort wohnten die falsch Gekleideten, die ihm nicht zu nahe kommen durften. Waren sie ihm im Weg? Die beiden, die sonst immer hinter ihm standen, waren hingegen richtig gekleidet, trugen jene hellen, mit Weißgoldborten verzierten Gewändern und andere Zeichen höchster Aristokratie.

Der eine, inzwischen der reichste Mann des Imperium

Romanum geworden durch des Kaisers Zuwendung, war Philosoph. Er bat den Kaiser, den größten Teil seines Vermögens in die kaiserliche Verwaltung zurückzunehmen und sein Gefolge, das seinem Rang und seiner Stellung entsprach zu entlassen. Er wolle sich, nach den vielen Jahren, in denen er den Kaiser begleitet hatte, auf sein Weingut nordöstlich von Rom zurückziehen.

Dieser Mann wurde *Seneca der Jüngere* genannt. Der Kaiser nickte nur. Der andere, der Prätorianerpräfekt Burrus, jener, der Nero am 13. Oktober 54 vor die in Reih und Glied angetretene Garde geführt hatte, damit diese ihn zum Imperator ausriefen, war im Jahr 62 verstorben. Nero hatte den verloren, der ihm zum Imperator gemacht hatte, und jetzt seinen Lehrer. Noch tiefer beugte er sich über den Plan.

79. Abschnitt

Die zerlumpte Ausgestoßene suchte Lucusta auf, im Anbau der Taverne am Hafen. Einige warteten dort schon, sie wartete am längsten – um ihr zu sagen, dass diese letzte Blickkreuzung mit dem Schwarzgewandeten ihr fast alle Kraft geraubt hatte.

Lucusta hörte, dann sagte sie ihr: „Entbrenne nicht!“ Sie gab ihr Essen und eine stärkende Medizin und wies sie an, zur doppelgesichtigen Donata gehen – was sie tat.

Donata öffnete: „Wer seid ihr, und wer schickt euch?“, fragte sie.

„Ich bin eine Bedeutungslose. Lucusta, die mich zu dir schickte, sagte, du sähest gewiss meine Bedeutungslosigkeit, doch du vermögest auch meine Bedeutung zu entdecken; sie wohnt mir nicht inne, sie befindet sich außerhalb."

„Dann sprich!", sagte Donata.

Sie erzählte.

In der Mitte des Kultraumes vom Esquillin-Haus stand der geöffnete Sarkophag mit Jonatans Leichnam. Donata führte die Frau dorthin und sagte: „Du begegnetest dem Bösen, sieh, was es angerichtet hat", und zeigte auf den Leichnam.

„Ja", antworte die Frau, „in mir entbrennt es immer wieder, der Zorn über diesen Täter. Aber zu schwach, zu schwach war ich."

„Nein", antwortete Donata, „hinter dem steckt etwas viel Größeres, glaube mir! Und deine Bedeutung ist die, dass du mir, meinen Gefährtinnen und Petrus die Augen öffnest; wir werden verfolgt, denn Jonatan, dieser, der dort liegt, war einer von uns."

„Seid Ihr alle gefährdet durch mich?", fragte ängstlich und mit entsetztem Blick die Frau.

„Nein! Du bist eine der Frommen, die dem Herrn dient. Aber wie wir hier sind, in dieser Stadt, sind auch die hier, die sich dem Bösen verschrieben haben", reagierte Donata.

„Was uns unterscheidet von ihnen, ist, dass wir nicht entbrennen in Wut und Zorn, nicht auf Rache sinnen; damit verlören wir unsere eigene Macht. Du bewiesest diese Macht, als du mit dem Mörder deinen Blick kreuztest und ihm standhieltest. Er musste fliehen vor diesem deinem Licht, und sie, für die er handelte, werden fliehen vor jedem mit diesem Licht."

Die Gefährtinnen, die fromme Frau und Petrus verabschiedeten sich von Jonatan. Nachdem Petrus jenen Segen erteilt hatte, der ihm gebührte, sagte er: „Die Lebensrätsel, die ihn begleiteten, empfangen ein neues Licht.“

Der schmale Gang zwischen dem Kultraum und den Katakomben war mit Hilfe des Baumeisters fertiggestellt, durch den der geschlossene Sarkophag mit Jonatans Leichnam von ihnen an eine der Stellen gebracht wurde, wo sich noch manches entscheiden sollte.

80. Abschnitt

Ähnlich, jedoch keineswegs gleich waren die Bedeutungslosen den Sklaven, deren Bedeutung die Leibeigenschaft ausmachte. Die Bedeutungslosen lebten in den labyrinthartigen Katakomben, jedoch nicht in denen, die entlang der Gräberstraße waren, an den Orten der vaterlosen Kinder. Sie lebten in jenen anderen Katakomben, die sich bis tief unter die Erdoberfläche erstreckten. Selten nur waren sie auf den Märkten zu sehen, meist dann nur, wenn Händler ihre unverkäuflichen Früchte und Waren abräumten, oder des Nachts bei den Halden, aus Erde, Schutt und anderen Resten einstigen wohlhabenden Lebens. Ihnen war, wie die fromme Frau es sagte, die Bedeutungslosigkeit anzusehen, doch die Kraft ihrer zukünftigen Bedeutung zu entdecken, war das, was sich Donata und Saturnina vornahmen.

Petrus hatte zu ihnen und zu der frommen Frau gesagt: *Ihre zukünftige Bedeutung macht viele der Bedeutungslosen fromm; denn das Oberste hat nur einen einzigartigen wahren Spiegel, und der ist im Untersten.*

81. Abschnitt

Donata war berührt von der Begegnung mit der Bedeutungslosen. So erfuhr sie, dass es viele von ihnen gab. Hinter das zerlumpte Äußere dieser primitiven Geschöpfe zu sehen, deren uralte Pilgerherberge unter der Stadt, die fast achthundert Jahre alt war, aufsuchen, deren womöglich nie aufgegebene Hoffnung zu spüren, die immer weniger und immer leiser werdenden Stimmen zu hören, sich nicht den verzweifelten, stummen Blicken ihrer meist gelbstichigen Gesichter entziehen, das wollte sie. Sie wollte es. Es wäre die lang fehlende Ergänzung zu dem blau-goldenen Ring, ihres auch äußerlich reichen Lebens und ihrer Erziehung, wofür er stand.

Saturnina, die Hörende, war schon oft in den Katakomben gewesen, in der Pilgerherberge der Ausgestoßenen jedoch noch nicht. Sie kannte aber das merkwürdige Raunen der fast dunklen Gänge mit manchmal trichterartigen Schemen, wo die Bruchstellen zur Erdoberfläche waren, und erinnerte sich, einst als sie etwas wie wispern hörte, Laute eines kleinen Kindes. Doch vorher war ihnen allen – Paulina, Rustica, Hilaria, Saturnina und Donata – daran gelegen, das ungewiss und verunsicherte zu überwinden, dem ihre Frage galt: „Werden wir, wie es auch Jonatan wurde, zu Verfolgten derer, dessen machtversessene Absichten wir nicht kennen?“

Petrus griff sich in seinen dunklen Bart, suchte, für ihn selbst war es wie ein vergessenes Gebet nach den richtigen Worten. So fragte er sie: „Wären wir Bedeutungslose, würden wir dann verfolgt? … Nein“, fuhr er fort „aber soll unser Erkennen, Handeln, unser gläubiges Beten ohne Bedeutung sein? … Nein“, fuhr er wieder fort, „es hat Bedeutung, tiefer, als uns erscheinen mag. Der Absicht, dem Herrn verbunden zu bleiben, kommt seine Antwort entgegen, dass er uns verbunden bleibt, über unsere Zeit hinaus. Aber der Herr verfolgt und tötet niemanden. Eins ist mir aber gewiss, der ich aus Galiläa kam und den Herrn begleiten durfte: Ihr seid nicht ein weiteres Ziel derer, die Jonatan töteten. Jonatan war der Propheten Schriften kundig, kannte deren Weissagungen. Aber einige seiner Lehrer aus dem Kreis der Schriftgelehrten und Sadduzäer verstanden die Schriften nicht so wie er. Deren Ziel ist ein Königreich auf Erden, sie sehen sich als Herrscher und frei jeder römischen Macht. Der Herr aber sagte es ihnen sehr deutlich, dass er dieses Reich nicht als seines betrachtet. Er verzichtete, derentwegen entstand Hass, tiefer Hass auf ihn, denn die Propheten sprachen von seinem Reich, nie aber von einem solchen wie diese es meinen. Die Aufforderung, die Jonatan erhielt – er werde zurückerwartet –, war die, in ihr Reich zurückzukehren, nicht in das des Herrn. Ihr wisst es, wofür Jonatan sich entschied. Sie aber töteten ihn dafür und zeigten damit, wer sie eigentlich sind.“

„Du erkennst sie deutlich, Petrus“, folgerte Donata, “und wir sind für sie bedeutungslos, denn wir wollen weder in Judäa ein Königreich ihrer Art errichten noch sprechen oder schreiben wir deren Sprache.“

Rustica erblasste, sprach zögerlich: „Ich erlebte, als Petrus eben sprach, noch anderes, ich schaute in die Angst, die auftritt, wenn nicht zu erkennen ist, was kommt.“

Unsicher ob sie verstanden wurde, schaute sie sie um und fragte „Und die Angst, ist sie nicht eigentümlich lichtlos und leer?“

Das vergessene Gebet war gesprochen, als Folge aber trat eine Änderung ein: Die Art ihrer Begegnungen änderte sich insofern, als sie sich alle in den Nebenräumen des Esquillin-Hauses einrichteten und der Kultraum ihre Kapelle wurde.

82. Abschnitt

Die Angst, nicht erkennen zu können, was kommen würde, war auch anderen zu eigen, nicht allein den Gefährtinnen, in jener Stadt, die inzwischen etwa eine Millionen Bewohner hatte, als das Jahr 64 begann. Der Kaiser war siebenundzwanzig Jahre alt. Romantisch führte er seinen Befreiungskampf gegen sein eigenes Joch, als Sänger, Dichter und Lyraspieler. Als Imperator stand er wegen der schweren Niederlagen seiner Truppen in Britannien fast davor, die Insel aufzugeben. Anderenorts, in Judäa, wurden die Spannungen zwischen Juden, Griechen und Römern immer heftiger. Als der Gesandte des Kaisers die anstehenden Steuern aus deren Tempelschatz begleichen ließ, bahnten sich Volksaufstände an und noch anderes schwelte weiter.

83. Abschnitt

Zwischen den steil in den Himmel ragenden Säulen des Kaiserpalastes und dem unterirdischen Verlies, wo der Gefangene hockte, gab es eine Verbindung, nicht räumlich, gewiss, aber so wie zu einem Feind – zu einem Feind jener Art, der keine Waffen trug und dem doch die Aufmerksamkeit galt, nicht nur die der wachhabenden Soldaten. Mit ihm hing das hellenische Christentum zusammen. Jetzt war es in Rom.

Dieser Gefangene hatte einst Macht gehabt. Eine Macht blind vor Hass – bis das Licht dessen ihn traf, den er hasste. Dann wurden seine Augen von dessen Licht blind. Es war aber heilendes Licht, und von ihm wurde er sehend. Dies verkündete er den Hellenen, weil er es selbst erlebt hatte. Deswegen kam er als Gefangener nach Rom. Ihn suchten Paulina, Rustica und Petrus auf.

Sie waren schon des Öfteren bei den Sklaven, dieser aber war kein Sklave, auch kein Freigelassener, kein römischer Aristokrat: Er war ein Gefangener des Kaisers.

„Herr“, sagte Paulina, „Ihr kennt uns gewiss nicht, doch wir sahen Euch schon … Es ist lange vergangen. Ich und meine Schwester kommen, Euch zu danken.“

„Wofür wollt ihr mir danken?“, fragte der Mann bescheiden. „Ihr seht, ich bin in Ketten.“

„Einst hattet Ihr ein Schwert, Helm, Umhang und ein feuriges Pferd, und mit Euch waren andere Soldaten. So vertriebt Ihr uns aus unserer Heimat vor Damaskus.“

Der Mann war ganz bestürzt von dem, was Paulina sagte, sah sie irritiert an.

„Doch gewiss ist mir“, fuhr sie fort und sah den Mann freundlich an: „Ihr nahmt uns die Heimat, wir waren unter denen, die Ihr nach Rom als Sklaven schicktet. Aber hier bekamen wir, was wir suchten, jene innere Gewissheit, dass wir Christen sind. Weil wir es damals erst äußerlich waren, habt Ihr uns verfolgt.“

Petrus war bei ihnen, er kannte den Mann und sah ihn lange an.

„Jetzt bist du der, der seine Missionsreise für die Christenheit begonnen hat und bist gefangen genommen worden dafür. Du bist ein Gewandelter, der Herr offenbarte dir anderes als mir und den beiden Frauen, dafür danken wir dir.“

Er sah die drei an und erkannte, er war ihnen willkommen. Dieser Mann war Paulus.

84. Abschnitt

Paulus war in Ketten. Er hatte aber keine Kraft mehr zum Warten. Hätte er sie, wartete er nicht. Er hatte sie weniger, als er sie früher hatte.

„Der Weg ist noch lang“, antwortete er Petrus und fuhr fort: „Nehmt einmal an, ihr bätet mich um das, worum ihr mich bittet, nur weil ich es schon getan habe.“

„Aber wir bitten dich doch nicht, uns noch einmal zu vertreiben“, sagte Rustica, die seine eigenartige Not erkannte.

„So meinte ich es auch nicht, … ich verstand, ihr bittet darum, es euch zu sagen, was der Herr mir zeigte, als er mir innere Gewissheit gab,“ antwortete er.

„Es wäre uns sehr viel, so könnten wir noch besser erkennen“, reagierte sie.

Paulus schwieg, doch dann entschloss er sich zu einer Antwort: „Der Herr liest sich in uns, doch wir können ihn nicht immer lesen, und ebenso wenig können wir jenes Fragment lesen, das wir selbst sind. Wir verstehen oft nicht, was diese Sprache sagt, nur, dass wir ihre Wörter sind. Manchmal erklingt mir dieses Wort im Innern, wie es euch gewiss auch schon geschah.“

„Ja“, sagte Rustica, „ich sprach es schon aus. Es ist das,

was Gewissheit gibt. Aber wie ist es bei anderen, treten bei ihnen an deren Stelle ganz andere Worte?“

„Ja“, sagte Paulus, „und oft sind es nicht ihre. Ihrer werden derer bald viele hören“, ergänzte er.

85. Abschnitt

Der Weg zu den Bedeutungslosen war der am wenigsten vorgezeichnete Weg. Zunächst führte er nicht in die Katakomben, sondern in die Gräben. So nannte man die breitachsenförmig angelegten Gassen nach links und rechts, zwischen den alten steinernen Mauern, die einst Alba Longa umschlossen, und dem neuen sich wellig dahinziehenden hohen Stadt- und Wehrwall mit seinen Türmen um Rom. Horizontal, in die Stadt hinein, erstreckten sich lange breitere, aufwärts führende Straßen mit großzügigen Foren, stilvollen Anwesen mit Atrien, Innenhöfen, Terrassen und Emporen.

Entlang dieser teils engen Gassen durch das bewegte Gelände zwischen den Mauern, das sanft zu den Ufern des Tibers hinunterführte, gingen Donata und Saturnina.

In einem dieser Gräben mit den teils engen Gassen und dicht an dicht stehenden Häuschen befand sich das alte jüdische Viertel. Die Wohngebäude, meist eng aneinander stehende hölzerne Bauten, selten zweistöckig angelegt, wirkten verwinkelt. Hier lebten die Armen, spielten die Kinder, und es zogen nur langsam die Eseltreiber ihre Tiere hinter sich her. Sich in kleinsten Durchgängen und Abzweigungen zu verlaufen, war kein besonderes Geschick.

Sträucher, Bäume, Bepflanzungen gab es nicht. Diese gab es nur an den Straßen, wo auch die Aquädukte verliefen, alle in Richtung des Kaiserpalasts und zu den Neronischen Gärten.

Vor den Toren der Stadt hingegen lag die unberührte Natur. Ob karg oder im samtfarbenen violett der Heiden, die selbst im Regen leuchteten, hing von der Himmelsrichtung ab, in der die Wege aus der Stadt führten.

86. Abschnitt

Die vierzehn Stadtbezirke Roms lagen links und rechts des Tibers. Verbunden durch Brücken und von den unten gelegenen Gassen, führten die Straßen zu den sieben oberen Hügelerhebungen, zu deren Villen und Palästen. Im milden südlichen Abendlicht sah man am Horizont das Meer. Es war Mai und das Jahr 64. Genau da, wo im milden Abendlicht nur noch Schatten hinfiel, an dem Übergang zu dem einzigen jüdischen Viertel, stand dieses zweistöckige hölzerne Wohnhaus, das sie suchten. Es wirkte wie eingeklemmt zwischen den hölzernen Außenwänden des links und rechts neben ihm stehenden Hauses. Die schwere hölzerne Pforte gab nach, als Donata und Saturnina sie aufdrückten. Die angenehme schattige Kühle, nachdem sie so lange durch die staubig hitzige Gasse gelaufen waren, ließ sie zunächst verharren. Der Durchgang, der sich an die Pforte anschloss, wies seitwärts eine schmale Treppe nach oben hinauf. Alles wirkte ärmlich. Weiter hinten waren mehrere Längs- und Querbalken, die dann an einen breitflächigen felsigen Mauerrest Alba Longas stießen, der die Rückfront des Hauses abgab.

An einer Stelle ragte ein abgeschliffener Felsvorsprung in den Raum hinein, unter dem öffnete sich eine nicht allzu breite Höhle, vor der gerade ein kleiner Esel stand und fraß. Unmerklich verwandelte sich der beiden Frauen Warten zu der Frage: „Ist hier jemand und wer noch ...?“, sprach Donata in das schwebende Schweigen des Raumes hinein.

Langsam aus einem Lichtschatten trat sie näher, nicht widerwillig, aber in einer Art tiefer Zerstreutheit, die Donata in Wachsamkeit versetzte. Äußerlich war sie ihr ähnlich, trug ein schlichtes, beigefarbenes, hellenisch-römisches Gewand und die hochgebundenen Sandalen. Ihre Haut war hell, und dunkle, nach hinten gebundene Haare fassten ihr Antlitz und die hohe Stirn ein. Ihre blauen Augen schauten klar, die Mundpartie und das Kinn waren ebenmäßig. Eine Hellenin, eine Römerin, es war nicht auszumachen.

Trotzdem webte um sie jene Zerstreutheit, die Donata bemerkte. Saturnina erinnerte sie an eine Schwester längst vergangener Zeit. Da sie nicht sprach, suchte Donata nach den ersten rechten Worten. „Wir dringen hier ein, und ihr wisst nicht warum“, begann sie. „Uns begegnete eine fromme Frau, die sprach, dass hier der Eingang wäre zu der Pilgerstätte der Bedeutungslosen.“

Die Angesprochene nickte, kam näher auf sie zu, drehte ihre beiden Hände nach außen und sie sahen in deren Handflächen zwei geschriebene Worte. Sie waren in oskischer Sprache, für Donata deutlich erkennbar; das eine besagte: *Ich bin stumm*, das andere: *Ich höre dich.*

87. Abschnitt

Die hörende Stumme stand vor ihnen, sah einen Augenblick zur Seite, als suchte sie vergeblich Wort und Antwort; und doch sprach Donata weiter, eine für die andere, ruhig und sanft.

„Führt ihr uns hin?“, fragte schließlich Donata.

Sie nickte, wies ihnen ihr zu folgen. Eng durch ihre Anwesenheit, wie unermesslich aber war der Ort. Durch einen Erdbruch fiel etwas Licht auf ein Gewölbe, deren Wände bis auf den Boden gingen. So, wie durchschienen vom Licht, stellte sie sich davor, hob und streckte sie ihre beiden Arme und Hände und zeigte auf einen seitwärts stehenden, einfachen Sarkophag und dann auf ein die Wand einnehmendes Bild.

Alles, was es sagte, waren alte Gedanken und Worte von einst. Alles, was es zeigte, in sich selber gehüllt, zugewandt abgewandt.

Sie stand so eine Weile. Als sie dann zur Seite trat, sahen es auch Donata und Saturnina. Sobald sie es so ansahen, sah es auch sie an, in seinen unterschiedlichen Farben, die eher mild, nicht leuchtend waren.

Es war auch nicht prächtig, aber die Gestalt, die es zeigte, strahlte Autorität aus. Sie hatte kein Schwert oder andere Waffen, hielt aber ein Zepter in ihrer rechten Hand, auf dem ruhte ihr Blick.

Ihre linke Hand hielt einen zusammengeschnürten Gürtel um die Hüften.

Sie lehnte an einem niedrigen Thron und setzte nur einen Fuß auf die Erde. Die Beine waren gekreuzt. Sein Schild mit dem Wappen war angelehnt an den Thron, ihr zur Seite. Sein Haupt trug eine schwere Krone. Eine herrschende Gestalt, gehüllt in einen ebenmäßig gefalteten, dunkelroten Waffenrock, geschmückt von nur einer Kette.

Donata war berührt, wie nahe sie ihr war. Saturnina, die

neben ihr stand, sagte leise: „Glaubst du, dass du vergisst, die Suche nie aufzugeben?“

Aber Donata antwortete nicht. Ihr Eindruck war weniger, dass die Gestalt sie sah, als dass sie sie näherkommen sah. Sie war alleine abgebildet, weder stand noch saß sie. Wie als hätte sie auf Waffengewalt verzichtet, ihren Thron einzunehmen und auf das Gehen, denn die Beine waren gekreuzt, nur ein Fuß berührte die Erde. So konnte sie weder zum Angriff vorangehen noch zum Rückzug zurückweichen. Sie behütete das Zepter mit ihrer rechten Hand, während ihre linke den fest geschnürten Gürtel hielt, auch damit hatte sie sich beschränkt. Gleichzeitig trug sie eine schwere Krone. Sie sendete Strahlen nach außen, aber dieselben Strahlen wurden Dornen im Innern, beides war angedeutet.

Waren diese Strahlen das Zeichen für eine Aufgabe, mit der die gekrönte Gestalt von oben betraut war, das rechtmäßige Zeichen dafür? Diese Krone schien der Gestalt nicht nur schwer, sie schien auch Bestätigung zu sein, in aller Zeitlosigkeit.

Donata fragte sich: war wirklich alles, was diese Gestalt ihr sagte, was sie ihr zeigte, von einst und darin verhüllt? Sie erschrak zutiefst, als sie es erkannte, wer diese Gestalt war, wem sie galt, hier an der Pilgerstätte der Bedeutungslosen und dem Eingang zu den ältesten Katakomben Roms.

88. Abschnitt

Der Kaiser befand sich mit vielen Bediensteten in seiner Sommerresidenz an der Küste Latiums, einen Tagesritt von Rom entfernt.

Er wollte der sengenden Hitze entfliehen, die seit Tagen über der Stadt lag, ihre gelbrotfarbenen Wärmewellen meiden, die in den einmal schwachen, dann böigen Windbewegungen kaum eine Wolkenbildung zuließen.
Roms sonst feucht schlammige Gossen waren trocken, in deren regungslosen Gassen tanzte der Staub. In den immergrün blühenden, Neronischen Gärten ließen die Palmen, Sträucher und Blumenrabatten ihr Grün fahl werden. Über dem Zentrum der Stadt, den Arenen am Circus Maximus und dem weitläufig herumgeführten Marktplatz mit einigen Tavernen und ihren außenstehenden, langen, hölzernen Tischen und vielen Buden lag eine brütende, fast sichtbare ausdruckslose Hitze. Als aber endlich die Abendsonne in die Nacht hinein gesunken war, der Wind wieder zunahm, löste sich der Hitzeschild und mit ihm die Menschen in der Stadt. Die Bänke vor den Tavernen füllten sich mit vielen des Volkes. Im Licht unzähliger Kerzen auf den Tischen wurde getrunken, gelacht, gesungen und musiziert und getanzt.
In sich zusammengesunken, berauscht vom Wein, schwindlig noch von dem Wirbel des Tanzes nicht bei sich, hing halb sitzend ein Trunkener, seinen Kopf auf die Arme gelegt auf dem Tisch vor der letzten Taverne, im Dunkel. Ihm war entgangen, denn es waren mehrere, die die Nacht erhellte, auf seinem Tisch vor ihm, dass er sie mit fahrig trunkener Hand zur Seite gefegt hatte.

Kleinere Kerzenflammen schwelten, züngelten wieder auf, fraßen sich in das noch warmen Holz des Tisches und entzündeten sich schließlich an dem leichten Gewand des Eingeschlafenen. Ein entsetzlicher, allen Lärm kurz und jäh übertönender dämonischer Schrei entfuhr ihm, alles flammte loderte hell von den nächtlichen Böen beflügelt.

Die Menschen gerieten in Panik, als aus bald unzähligen kleinen Flammen lodernde Flammenräder wurden, die sich durch die Gassen bis hinauf zu den Palästen drehten. Fast neun Tagen drehten sie sich. Drei Stadtteile wurden dabei gänzlich vernichtet, sieben durch Flammen verwüstetet, vier blieben unversehrt. Es kamen dabei viele, viele der Bewohner Roms in den Flammen um, und die, die überlebten, verloren alles. All das begann in der Nacht vom 18. zum 19. Juli des Jahres 64. Rom brandete. Der Kaiser, auch er kam zurück.

89. Abschnitt

Um sich seiner wahren Bestimmung zu stellen kam er, so schien es, etwas zu spät zurück. Er ließ seine Gebäude öffnen für alle die, die Obdachlos waren, auch den Tempel der Meta Theon, in dem Hilaria diente und der auf wundersame Weise von der Feuersbrunst unberührt geblieben war. Er senkte auch sofort den Preis für alles Getreide. Und es begannen in der Stadt umfangreiche Zeremonien, um die Götter Roms zu beruhigen, sie zu besänftigen.

Breitere Straßen sollten angelegt werden, die Höhe der Häuser beschränkt und steinerne Blockaden und Erdmauern ausgehoben werden, um die Gefährdung durch zukünftiges Feuer einzuschränken. Doch da war noch anderes: Jene Pläne des goldenen Hauses, der Domus Aurea für ihn, sie konnten jetzt auf den Brandruinen verwirklicht werden. Das Volk ächzte. Auf der einen Schulter trug fast jeder des Volkes verkohlte Leichen oder Hölzer, auf der anderen Schulter jene Balken der neuen *Domus Aurea*. „Kaiser du lebst, wir aber auch noch," schrien sie.

90. Abschnitt

In dem Palastbereich, den zu keiner Zeit Obdachlose je betraten, standen sie dicht gedrängt, die siebzig Boten des Kaisers, alle Prätorinanersoldaten. Der Imperator kam selbst, nahm ihnen noch einmal den Eid auf den Kaiser ab und erteilte dann seinen unmissverständlichen Befehl. In allen Palästen deren Wertvollstes, alle Schätze zu plündern, außerhalb Roms, also im ganzen Imperium Romanum.

„Gebt es so und nur so weiter, an jene, an die ich meine Rechte als Kaiser delegierte, die Präfekte, die Könige, die Feldherren und alle mir Unterworfenen", schrie er mit befehlendem Ton auf die Boten ein.

Dann erhielten sie alle die ihnen zugedachte Schriftrolle mit dem vom Kaiser signierten und gesiegelten Befehl. Kurz danach, hinter den Toren der noch qualmenden Stadt, trennten sich in alle Himmelsrichtungen siebzig berittene Soldaten.

91. Abschnitt

Hilaria war im *Meta Theon*. Sie lebte, schaute in die von Tränen gesättigten und von Gleichmut gezeichneten Antlitze der obdachlosen Verletzten, hörte deren stummes Klagen über das, was sie verloren hatten. Diese Klagen waren wie Nägel, die ihre vom Tragen geschundenen Hände durchbohrten.

Da wurde im Tempel eine alte Mutter abgelegt. Die sah

Hilaria mit hellen Augen an, ihre Hände aber waren verbrannt. Als Hilaria sich zu ihr hin beugte, sagte die Frau, obwohl sie ständig von der Glut der Brandentzündungen geschüttelt war: „Höre, Tochter, sie kommt, sie kommt ..."

Hilaria verstand nicht, wen sie meinte, doch dann, was ganz ungewöhnlich war, stand sie hinter ihr. Eine jungfräuliche Priesterin der Vestalinnen in ihrem gänzlich weißen Gewand.

„Das ist sie ...", flüsterte die alte Mutter noch und hörte auf zu atmen.

„Der heilige Tempel der Vesta brannte nicht", sagte die Vestalin leise zu Hilaria, „aber alles, was meine Mutter besaß, verbrannte. In meiner Not legte ich sie hier ab .... Ich will die Göttermutter um Vergebung anflehen, wegen der Schuld, die ich auf mich nahm, als ich meine Mutter vergaß."

Hilaria schwieg, hieß sie sich zu setzen und zu warten, an jenem marmornen Stein der unvollkommenen Schöpfung mit dem kindlichen Gesicht, bis sie zurückkommen würde.

Als sie zurückkam, hatte sie eine Trage, auf der die beiden die Verstorbene betteten und sie dann schweigend an den Ort brachten, wo die Leichen nach römischer Sitte und wegen der vielen, die es durch den Brand gab, eingeäschert wurden.

Als sie zurück in den Tempel der Meta Theon kamen, überraschte die junge Priesterin Hilaria mit ihrer verständnisinnigen Frage: „Wird das Haus nicht entehrt, durch die, die jetzt hier sind?"

Hilaria schaute sie an und antwortete: „Du bist da, um in dem heiligen Tempel der Vesta zu dienen, und übst dort deine Pflicht aus. Denn sahst du nicht, welch ehrfürchtige

Blicke dir folgten, als du hier hereinkamst?“

„Aber ich kenne es nichts anders, war seit meinem Kindesalter Novizin und bin jetzt vollwertig.“

„Ich verstehe,“ sagte Hilaria und fuhr fort: „Dir, Priesterin der Vestalinnen, sage ich, Not entehrt keinen Tempel, aber das, was sie hervorbringt, die Not, wird entehrt.“

92. Abschnitt

Jene trunkene Hand dessen, der wirklich schuldig war, hatte den Makel, dass sie vergänglich war und auch blieb. Niemand hatte auf seine Hand gezeigt, als diese seine Hand sie angestoßen hatte, als sie in unbewachter Anwesenheit dastand, sie, die einfach nur wie viele andere auch die Nacht erhellen wollte, bevor aus ihr der weglose Anfang des Entsetzens wurde und dieses später auch den mit der trunkenen Hand in den Tod reißen würde – selbst dann, wenn zuvor der Bote des Kaisers ihm etwas zugeflüstert und die Kupfernen zugesteckt hatte, genau in diese seine Hand.

Der stadtrömische Volkszorn ließ nicht nach, doch deren Rufe änderte sich: „Kaiser, wer trägt die Schuld?“ Da tat der Kaiser, was er fast schon verloren hatte: Er suchte Rat für die Zukunft. So trat er ihr gegenüber. All die Embleme der Größe und Macht Neros, schienen einen Augenblick der wachsamen Gleichgültigkeit des Ortes und ihres Blickes zu weichen.

Sie war eine der letzten Augurinnen in Rom, ausdruckslos alt ihre Würde. Der siebenundzwanzigjährige Kaiser war es gewohnt, von anderen Frauen umgeben zu sein. Doch sie meinte ihn, ihn allein. Die Augurin schwieg, erwartete des Kaisers Worte.

„Fama, ist da, verfolgt mich mit ihrer fürchterlichen, unterirdischen Fratze und ihren unzähligen Mündern, die Botin der Lüge … aber ich? Sag mir voraus, sag mir alles voraus, dafür kam ich an diesen Ort, dem *Auguraculum*, an diesen Ort, wo Ihr Eure Vorhersagen macht."

Noch blieb sie still, ganz eingehüllt in ihr graues Gewand, nur die edlen Züge ihres Antlitzes waren zu sehen.

„Fama, dem Licht fremd, sagt, was wahr ist, oder lügt, oder sie zergeht in der ruhigen Helle. Herrscher! – Die sybillinischen Bücher sprechen: Es ist nicht recht, du hast geerntet, säen muss du nun! Über die *Domus Aurea* führt kein Zug der Vögel, kein Wind rührt ihn", deutete sie.

„Aber, ich ...", erstarb leise Neros Stimme; aber dann, er, der Kaiser, des Kaisers Hände zitterten und mit verzerrt-schrill anmutender Stimme befahl er, sie abzuführen, sie lebendig zu verbrennen. Timotius, der Prätorianersoldat, sollte es ausführen. Er führte sie ab, aber verbrannt wurde nie eine Augurin.

93. Abschnitt

Es war ihnen, als hätten sie immer den Weg noch zu suchen, um dorthin zu kommen, wo sie schon waren. Wie, fragten sie sich, einiges zu erfassen, zu ermessen sei und wie es ihnen verloren ging. Petrus, Rustica und Paulina hatten den Brand überlebt. Doch auch das Esquillin-Haus wies an einigen Stellen Spuren einer zögerlich langsam abbrennenden Ruine aus. Der Kultraum, ihre Kapelle, war erhalten geblieben.

Da kam ein Priesterbeamter zu ihnen, trat Petrus gegenüber und sagte: „Gesandt bin ich vom Pontifex Maximums, du siehst es“, und er zeigte ihm seinen Ring und wies auf seine priesterliche Kleidung. „Wir huldigen die Götter Roms. Doch als wegen des Brandes die letzte große Zeremonie zu Ehren der großen Götter und alles fast schon gelöscht war, die Götter unsere Opfer angenommen hatten und uns versöhnlich gegenüberstanden, da brannte es erneut. Die Göttin Vesta, die des Feuers, entzündete es am Haus des Tigellius, dem Prätorianerpräfekten, dafür wollen wir eine Erklärung!“

Petrus erfasste den großgewachsenen, schlanken Flamen mit seinem ganzen Blick. Er selbst war in sich gesammelt.

„Was geschieht hier?“, fragte der Priester verunsichert.

„Für den Augenblick nichts, als dass wir sprechen“, antwortete Petrus.

„Ja, wir sprechen, aber nicht, um zu sprechen kam ich.“

„Warum denn?“, fragte Petrus.

94. Abschnitt

„Wen erkanntest du in der gekrönten Gestalt auf dem Bild an der steinernen Wand?“, fragte Saturnina Donata, als sie nach dem neuntägigen Brand das Haus in den Gräben aufsuchten.

„Ich erschrak zutiefst, weil es der ist, der äußerlich nichts bedeutete, und doch, er erinnerte mich an meinen Ahnen, den Meddix unseres oskischen Volkes. Das ist der, der sagte: *Wenn einst die Zeit ist, sucht.* Er war würdig des Thrones und verzichtete, er war würdig des Schildes und verzichtete, er trug keine Waffe, hielt nur das Zepter, verzichtete auf die ganze Fülle aller Gaben, doch die einzige, die er nicht hergeben konnte, war dieses Zeichen von oben. Und mir war es, als würden die alten Gedanken und Worte von einst für mich neu gesprochen. Hier an der Pilgerstätte der Bedeutungslosen und dem Eingang zu den ältesten Katakomben Roms,“ antwortete sie.

Saturnina schwieg, sie hatten die verbrannte Pforte durchschritten. Hinter abgebrannten Trümmern fanden sie die, die sie suchten. Ihre Handflächen waren nach außen gewendet, deren Inschrift noch lesbar, in der einen stand: *Ich bin stumm*, in der anderen: *Ich höre dich*. Sie war tot.

95. Abschnitt

Des Kaisers engster Vertrauter, der Prätorianerpräfekt Tigellius, dessen Haus fast in dem geflammten Atem Vestas aufgegangen wäre und der die trunkene Hand des großen Brandes nicht fand, wandte sich, anders als der Kaiser, den Haruspices zu. Jene, die aus den Eingeweiden von Tieren voraussagten. Sie waren zahlreicher als die Auguren, deren Prophetien aus dem Vogelflug und der Sprache der Vögel abgeleitet wurden. „Wie finde ich, wer es war?“, war seine Frage an die Haruspices.

Der Kaiser hatte ihn schließlich immer gedrängt, die Frage zu beantworten. Einen jungen Stier, der der angstvollen Beklemmung und dem allzu großen Druck der Verzweiflung, die ihn erfasste, nachgeben hatte, als sich mehrere Lanzen gleichzeitig in ihn bohrten und er zusammenbrach, hatte sich die kräftige rothaarige Haruspex ausgesucht, um an ihm, an dessen Eingeweiden die Antwort zu finden. Tigellius sah ihr ungerührt zu, als sie die Organe des toten Tieres zerschnitt. „Bete zu Justitia, du bist der Hausherr;

am Eingeweide sehe ich dich als Schlange, du bist ein Genius, es waren andere, nimm deine Ketten, mach damit in Ketten Gelegte," sagte sie zu ihm, wischte das Blut sorgsam ab und ließ ihn allein mit ihrer Prophetie. Er meinte, er hätte das Weib verstanden.

96. Abschnitt

Der des Lesens und Schreibens kundige Tigellius führte Buch.

Die Stadt qualmte nicht mehr, es war der letzte Tag, bevor der Winter begann im Jahr 64, Nebel breitete sich über die Stadt. Von siebzig Boten kamen dreißig zurück, meldeten, das Gold und die Schätze der Tempel würden nach Rom geliefert. Fünfundzwanzig kamen zurück, um mitzuteilen, wenn der Kaiser die Goldschätze der Tempel verlange, möge er versuchen, sie sich mit Waffengewalt zu holen. Von weiteren vierzehn hörte er, aber nicht von ihnen, sondern durch andere Boten, sie kämen nicht mehr zurück und würden auch nicht mehr in ihr Leben zurückkehren. Einer der Boten aber wartete, von Tigellius empfangen zu werden.

Sein Umhang, sein Reitrock, der Beinschutz waren schmutzig. Alles sprach von tagelangen Ritten in Hitze, Kälte, Regen. Sein Bart war grau, das Schwert trug er im Schulterhalfter, sein Gesicht von Strapazen gezeichnet, seine Augen sehr klar. Er grüßte militärisch korrekt, als der finster aufschauende, kaiserliche Präfekt sich ihm zuwandte.

„Was habt ihr zu sagen?" fuhr er ihn an.

„Ich ritt in das hellenische Korinth, wie es des Kaisers

Befehl war. Der dortige Statthalter lässt ausrichten, dass es in deren einzigen Tempel keinen Schatz oder Gold gibt, außer dem, was er mitgab."

Präfekt Tigellius war körperlich etwas größer als der Soldat und schaute geringschätzig an ihm herunter, bevor er sagte: „Du bist allein mit nur einem Pferd, wie hast du das, was der Stadthalter dir gab, transportiert?"

„Es scheint gering, Befehlshaber, aber ich trage es bei mir", antwortete der Soldat.

„Was ist es?"

„Es ist etwas, was einst *Gnaeus Corbulo* trug, der große Feldherr, bei all seinen Schlachten in Armenien, bevor des Kaisers Argwohn ihn in den Tod schickte. Es habe Zukünftiges in sich."

„Dann gib es endlich her!", schrie Tigellius ihn an und hielt seine Hand hin.

Der Bote zog aus seinem Wams ein kleines Kreuz und legte es in die offen dahingehaltene Hand des Tigellius. Er aber, vom Jähzorn überwältigt, schmiss es zu Boden, denn dieses mattgrün glimmende, in Gold Geformte brannte auf seiner Haut wie ein loderndes Feuer.

„Ihr seid nicht tauglich, des Kaisers Befehl auszuführen ", brüllte er den Boten an, und mit zornesrot angelaufenem Gesicht wies er die Soldaten im Saal an, ihn sofort zu verhaften. „Und schmeißt ihn zu diesem Judenchristen im *Carcer Mamertinus*", rief er ihnen erzürnt nach, als sie ihn abführten. Erregt suchte er sofort des Kaisers Gemach auf, ihm zu berichten.

Der Kaiser sah ihn versonnen an, legte seine Lyra zur Seite, stand auf und sagte: „Ich will das Kreuz haben, sofort!"

Tigellius verneigte sich förmlich, verließ das Gemach,

um das kleine Kreuz zu holen, aber es fand sich nicht, es war fort.
Der alte Soldat war Lucus. Für die Kämpfe nicht mehr tauglich, aber gewiss als Bote des Kaisers. Das kleine Kreuz hatte sich entzogen, und der Judenchrist, mit dem Lucus die Kerkerzelle ab da teilte, war Paulus.

Aus der Chronik jener Zeit

Neronische Christenverfolgung

Neronia im Sommer des Jahres 65 n. Chr. in Rom: von Nero ersonnene Wettspiele nach griechischem Vorbild, die im Wesentlichen in den Neronischen Gärten (heute Vatikanische Gärten) im Theater des Pompeius und in der Saepta Julia ausgetragen wurden. Diese Spiele wurden nur im Jahr 60 (in Neapel) und im Sommer 65 in Rom durchgeführt. Nero trat dort als Dichter auf, mit einem Gedicht über den Trojanischen Krieg.

Die römische Kaisergattin Poppaea Sabina stirbt am Beginn der Neronia (Mord).

Petrus, Apostel, wurde in Rom im Jahr 64 oder 65 n. Chr. mit dem Kopf nach unten gekreuzigt.

Paulus, Apostel, es ist historisch nicht gesichert, ob Paulus während der ersten Christenverfolgung um sein Leben kam. Die Angaben sprechen von den Jahren 64 bis 67 n. Chr.

Das griechisch-römische Taurobolium – im Theater des Pompeius auch Marmornes Theater genannt.

Gestalten mit historischem Bezug

Nero, Kaiser, Prinzipal, Künstler und Pontifex Maximus

Tigellinus, Prätorianerpräfekt und Stadtpräfekt (Präfekt = hoher Zivil- od. Militärbeamter im alten Rom); Präfektur =

Amtsbezirk eines Präfekten.

Paulus, war als (machtpolitischer) Gefangener des Kaisers Faustpfand gegenüber dem judäischen König Herodes.

Petrus, Apostel.

Lucusta, Gift- und Heilkundige.

Paculla Nannia, Oberpriesterin, die wesentlich den Bacchanalienskandal verursachte, der tief in dem kollektiven Gedächtnis Roms eingeprägt war, obwohl er im Jahr 186 v. Chr. geschehen war; die Anhänger dieses weitverbreiteten Kultus wurden als staatsgefährdend angesehen.

Claudia Acte, ehemalige Sklavin und Geliebte Neros von 55 n. Chr.-59 n. Chr.; wurde von Nero reichlich beschenkt, u.a. durch ausgedehnten Grundbesitz in Puteoli und Velitrae (Nähe von Pisa). Sie ließ u.a. viele Sklaven frei, die auch Christen waren.

Rufus Crispinus, adeliger Ritter, ehemaliger Gatte der Poppaea Sabina und im Rahmen der Pisonischen Verschwörung im Jahr 65 gegen Nero gefangen genommen und ins Exil geschickt.

Poppaea Sabina, römische Kaisergattin von 59 bis 65 n. Chr., wurde als Schwangere von Nero vermutlich ermordet. War hellenistischer Herkunft (Pompei) und galt als eine der schönsten Frauen ihrer Zeit. Sie riet dem Kaiser, den Christinnen erst die *Danaidenarbeit* verrichten zu lassen und sie dann dem Schicksal der *Dirke* zu überlassen.

Dirke, nach griechischer Mythologie auch Dirce genannt, gewalttätige Gattin des griechischen Königs Lykos, die ihre verwitwete Nichte Antiope quält und letztlich an einen

Stier gebunden zu Tode kommt (wurde auch in die römische Mythologie mit aufgenommen als *Schicksal der Dirke*).

Römische Kulte neben der Staatsreligion

Die römische Staatsreligion wurde von einem mächtigen Priesterbereich geleitetet, eine Art auf Lebenszeit eingesetzte Priesterbeamtenschaft, die Flamines genannt wurden.

Haruspices, Haruspices, sagten die Zukunft aus den Eingeweiden der Tiere vorher und waren gesellschaftlich hoch angesehen.

Auguren, sagten die Zukunft anhand des Vogelfluges und der Vogellaute vorher. Wurden bei vielen öffentlichen, militärischen Entscheidungen befragt, wurden vom Senat auf Lebenszeit bestimmt und hatten einen festen Platz im römischen Kapitol. Verloren aber an Bedeutung gegenüber den Haruspices [1]in der Zeit Neros.

Vestalinnen, hochangesehene jungfräuliche Priesterinnen aus der Aristokratie, dienten im heiligen Tempel der Göttin Vesta, der Göttin des Feuers.

Göttin Fama, die römische Personifikation des sich schnell verbreitenden Gerüchtes; wird mit fürchterlichem

---

[1]**Haruspices und Auguren waren nach altertumswissenschaftlicher Aussage ausschließlich männlich. In dieser Erzählung werden sie in symbolischem Gewand bewusst als weiblich beschrieben.**

Antlitz und unzähligen Mündern beschrieben, gilt auch als Botin der Lüge und Wahrheit.

Meddix des oskischen Volkes, aus der Donata stammt. War eine Art Beamter in den Funktionen als Priester, Richter, Heerführer für ein Jahr.

5. Teil – Martyrien

97. Abschnitt

Die Neronia, es war das Jahr 65, begannen bald.

Sie zu verhindern, hatte sich der römische Senat bemüht, es war ihm nicht gelungen. Sie waren Nero, dem Kaiser, gewidmet, nicht wie sonst den Göttern. Alle Sieges- und Ehrenkränze sollten ihn schon vor Beginn der Spiele schmücken. Er aber ließ es nicht zu, er wollte auftreten und alles Volk jubelte; wirklich alle – bis auf jene, die sich dem, der mit den Füßen zuerst zur Welt gekommen war, widersetzten.

Anfang dieses Jahres war Winter. Er brachte Mangel, Hunger und eine Teuerung des Getreides mit sich. Die durch den stadtrömischen Brand von Reichtum und Gold Abgeschnittenen waren sehr viele geworden, sie begannen zu leiden, klagen, zornig zu werden.

Die Ernährung der Armen war Brot, das in unterschiedlicher Art gebacken wurde, auch Gemüse, Ackerbohnen, Linsen und südliche Früchte. Getreide musste in großen Mengen immer wieder in die Stadt eingeführt werden. Das Getränk der Armen war Wasser, doch in den Palästen war manches anders.

98. Abschnitt

Zum zweiten Mal kam er, jener schlanke und in priesterlichem Gewand gehüllte Flamen. Dieses Mal war seine Frage nicht die, ob die Göttin Vesta, die des Feuers, seine Opfer angenommen hatte, sondern wie sie es, da sie allesamt Untertanen wären, mit der verlangten Verehrung der Götter und des *Pontifex Maximums*, der niemand anders als Nero war, hielten. Wieder trat ihm Petrus entgegen, erfasste ihn mit seinem Blick; neben ihm stand Donata.

„Bevor Ihr mir meine Frage beantwortet, wer ist dieses Weib?“, sagte der Flamen gereizt zu Petrus. Der aber schwieg. „Ich vermag zu sprechen!“, stellte Donata fest.

„Ihr seid alle Untertanen, aber von dem dort erwarte ich eine Antwort“. Er wies auf Petrus, der schwieg, auch jetzt.

„Seid ihr kein Untertan des Kaisers?“, fragte Donata den Empörten.

„Aber gewiss bin ich auch Untertan des Kaisers, auch wenn ich meinen Dienst im Priesteramt versehe ... aber was geht es Euch an“, bemerkte er abschätzig.

„Nun“, antwortete Donata, „wie Ihr ein Untertan seid, bin ich eine frei geborene Römerin, versteht Ihr? – keine Sklavin, keine Freigelassene, eine Bürgerin!“

„Wollt Ihr etwa sagen, dass der Kaiser nicht über allem und für Rom steht?“, fragte er beunruhigt.

„Der Kaiser allein ist gewiss nicht Rom, er wäre nicht der Kaiser, gäbe es Rom nicht“, antwortete Donata.

„Ihr redet wirr … und Euch steht keine Antwort zu!“, reagierte er streitsüchtig.

Sie sah ihn forschend an. „Verstehe ich Euch recht, dass Euer Sein allein vom Kaiser abhängig ist?“

„Das ist es, und von den Göttern ...“, sagte er etwas ruhiger, aber auch irritiert.

„Seht …“, sagte Donata, „ich bin der Göttin *Fides* zugeneigt und ihren Tugenden Verlässlichkeit, Glaube und Treue. Und Ihr, als Gesandter des *Pontifex Maximus*, Ihr wisst um das *Zwölftafelgesetz* der Göttin der Treue. Ihr seht es täglich auf dem Forum Romanum. Ist es nicht so?“

Der Flamen schwieg zunächst verlegen, doch dann besann er sich seiner Frage.

„Mag sein, dass Ihr eine frei geborene Römerin seid, mag auch sein, dass Ihr der Göttin *Fides* zugeneigt seid und ihren Tugenden, aber es geht um die verlangte Verehrung des *Pontifex Maximus.*“

„Welcher Ehre ist er denn würdig?“, fragte Donata.

„Oh, hat er nicht die Flammen gelöscht, die Götter besänftigt und trägt alle Ehre der Sieger bei den *Neronia*? Er ist unser Ernährer. Welcher Ruhm des Volkes erwartet ihn erst, wenn das goldene Haus fertig gestellt ist?“

99. Abschnitt

Da dieses Gespräch an der hölzernen Eingangstür des Esquillin-Hauses stattfand, stand sie unerwartet hinter ihm. Jene alte, fromme Frau rührte sein priesterliches Gewand verlegen an und sagte: „Gott segne Euch, Flamen, helft, helft! Ich aß seit Tagen schon nicht mehr, ihr habt doch …“

Weiter kam sie nicht, der Flamen wandte sich schroff ab und schrie: „Berührt mich nicht!“

„Warum soll sie Euch nicht berühren?“, fragte Petrus den Priester.

„Sie achtet nicht die römischen Sitten, ist nicht mit unseren Göttern verbunden und legt ihr Leben nicht in die Hand des Kaisers, sonst hätte sie keinerlei Not!“, befand er.

„Und warum soll sie Euch nicht anrühren?“, fragte er wieder nach und sah ihn ernst an.

Er gab keine Antwort, wandte sich stattdessen der von ihm zurückgewiesenen Frau mit geheuchelter Milde zu: „Wer, Weib, schickte dich zu denen hier?“

Etwas verängstigt schaute die kleine Frau zu ihm auf. „Es war, Lucusta“, antwortete sie.

Der Flamen wich noch mehr zurück und hob abwertend die Hände. „Die Giftmischerin aus den Schwefeldämpfen Neapels , die schickte dich zu denen. Weißt du denn nicht, wer sie ist?“, rief er sichtlich empört.

„Doch, sie wohnt hinter der Taverne am Tiberhafen und half mir, wozu ihr wohl nicht bereit seid“, antworte sie ihm.

„Dann sind diese hier also auch welche, Giftmischer, Ungläubige, die niemals die verlangte Verehrung zollen werden“, stellte er fest, wandte sich um und ging eilig davon.

Donata rief dem Davoneilenden nach: „Flamen, Ihr irrt!“

100. Abschnitt

Tigellinus, der Prätorianerpräfekt, erschrak. Einen Augenblick lang nur glaubte er, die rothaarige *Haruspex* – aufreißend, lächelnd, sitzend – am Eingangsportal zu sehen, als er den Palast der Justitia betrat. *Bete zu Justitia, ... du bist der Hausherr, am Eingeweide sehe ich dich als Schlange, du bist ein Genius*, erinnerte er sich ihrer Worte, sie aber war fort oder saß nie da.

Im Palast ließ er sich die *Lex Cornelia de sicariis et veneficis* vorlegen, die neben anderen gemeingefährlichen Taten die vorsätzliche Brandstiftung unter Strafe stellte, denn der andere Vorwurf, den er den Brandstiftern machte, den des Hasses auf das Menschengeschlecht, war schwer zu beweisen. Und wem wollte er es beweisen?

Der Hass auf das Menschengeschlecht …! Tigellinus, rechtskundig, saß allein vor der *Lex Cornelia* und eine unerklärliche Angst stieg in ihm auf. *Ist meine Sippe gemeint?*

Eine alte Erinnerung an seine Ahnen ließ ihn eine Zeit lang die Augen schließen, ihn jenen unsteten Bildern folgen. Hatte die rothaarige *Haruspex* aus den blutigen Eingeweiden nicht vorausgesagt *es sind andere*? Und waren die Ahnen damit gemeint? Warum ging ihm das Zerschneiden des Tieres so wenig nah? Wie lange war es her? Was hatten die Ahnen einst erzählt?

Obwohl bereits etwa sechs Generationen her, ging damals alles von Priestern niedrigsten Ranges aus, die in Rom begonnen hatten, für ihre nächtlichen Riten Anhänger zu suchen. Sie hatten nach und nach viele gefunden, allein schon wegen des Genusses von Wein und allen sexuellen Freizügigkeiten, zu denen es im Laufe der bacchischen Orgien gekommen war, einmal im Monat. Das hatte sich geändert, als *Paculla Annia* deren oberste Priesterin wurde. Die Riten hatten auf ihr Geheiß fünfmal im Monat zur Nachtzeit stattgefunden. Eingeweiht wurden Frauen und Männer.

Die Herrschaft des Lasters hatte begonnen und war dann bis Mord, Wahnsinn und Raserei gegangen. Wer sich geweigert hatte, war missbraucht und dann umgebracht worden. Die Schreie der Opfer waren im nächtlichen Tosen der Trommeln und Zimbeln untergegangen. So war bald, fast staatsgefährdend, weil unglaublich viele aus römischen Sippen verstrickt waren, etwas wie ein zweiter, unkontrollierbarer Staat entstanden. Aus einer dieser Sippen entstammten sein Vater, seine Mutter, deren Eltern und Ureltern.

Einen Augenblick verwob sich die grausige Erinnerung an diesen geheimen Bund mit dem Erinnern an den starren Blick des Kaisers, der sich auf ihn richtete, wenn er ihn aufforderte, endlich die Schuldigen zu finden.

Nächtelang, halb wachend, halb träumend sah er Gesichter, Masken, Vermummte, Brandfackeln tragende Gestalten, als würde etwas durch die Zeit weitergetragen … sich wiederholend. … *Christen? – die Christen …!*

Tigellinus sah, von sich selbst erschrocken, wieder auf, auf die vor ihm liegende *Lex Cornelia,* als wäre er eben erwacht. *Ich muss mich sortieren, werde bald vor den Kaiser treten*, dachte er.

101. Abschnitt

Denen, die an der Rückseite der hohen stadtrömischen Aquädukte entlang ihre Buden oder bruchsteingemauerten, kleinen Häuser hatten, war es bekannt, dass ganz am Ende der Sträßchen die waren, die Tiere enthäuteten. Das Enthäuten dauerte eine Zeit, nicht für die kleineren Tiere, aber für die. deren Felle noch verwendet werden sollten.

Oft waren die ein oder andere der hoch angesehenen Haruspices dabei, segneten in einem schönen Ritual das von dem enthäutete Tier entnommene Fleisch, widmeten es den Schutzgeistern des Haushaltes, den Lares, deren vornehme Aufgabe es war, dass die Vorratskammer der Sippe gefüllt blieb, immer Ausreichendes hergab.

Die Haruspices waren auch dafür geschätzt, bei den größeren Tieren jenen einzigartigen Schnitt zu tun, der sie verbluten ließ, und die Wahrheit, die sich in den Gedärmen dieser Tiere zeigte, zu deuten. Tagelang hingen dann deren Felle zum Trocknen am Ende der Gasse. Die Felle der größeren Tiere, die verwendet wurden, waren jedoch nicht ausschließlich für die Herstellung von nützlichen ledernen Tüchern, Vorhängen oder Bekleidung gedacht, sondern auch für einen noch anderen Zweck.

102. Abschnitt

Noch war es Frühling im Jahr 65.

Der Eingang zum bedeutendsten Gefängnis, dem *Carcer Mamertinus*, der Stadt war streng bewacht. Als Rustica und Paulina Paulus zu sprechen verlangten, wurde ihnen dafür nur eine kurze Zeit gewährt.

Zusammen mit Paulus war in einer gewölbeartigen Zelle der graubärtige, römische Soldat, beide waren nicht mehr Ketten.

„Du sagtest uns damals, als wir bei dir waren: *Der Herr liest sich in uns*, doch wir können ihn nicht immer lesen, und ebenso wenig können wir jenes Fragment lesen, das wir selbst sind. Wir verstehen oft nicht, was diese Sprache sagt, nur, dass wir ihre Wörter sind“, sprach Paulina Paulus an und fuhr fort: „Was ist es, worum deine Mission geht, und wohin führt sie?“

Rustica hatte Lucus erkannt. „Lucus, Lucus, warum bist du hier?“, rief sie erfreut und zugleich irritiert. „Ich habe dem Präfekten ein kleines Kreuz eines ehemaligen römischen Feldherrn ausgehändigt, dass mir der Statthalter Korinths mitgab für den Goldschatz des Kaisers. Es brannte in seiner Hand, er schmiss es auf den Boden und mich schmiss er in den Kerker“, antwortete Lucus.

Paulus und Paulina hatten die Worte mit angehört, als sich Paulus ihr zuwandte und sagte: „Höre, Paulina, die Mission ist das Kreuz, und es führt … so wurde Lucus auch zu mir geführt, und ich durfte ihm begegnen. Es ist Licht, das es webt, aber es vermag auch zu brennen. Und es führt in den Tod und sicher darüber hinaus. Dieser Ort ist ein Übergang."

Der Wachsoldat, der außerhalb des Kerkers stand, schrie: „Schluss jetzt!".

Von ihm unbemerkt hatte Paulina Paulus ein kleines, dicht beschriebenes Blatt zugesteckt. „Lies, es ist von Aquila Pudens!", raunte sie ihm leise zu, bevor sie und Rustica sich abwandten und den Kerker verließen.

103. Abschnitt

Auf der anderen Seite der Stadt, dort wo sich die staubige Gasse zwischen der verfallenen Stadtmauer Alba Longos und dem Wehrwall der Stadt hinzog, war an jenem Haus mit dem Wandbild die hölzerne Pforte und der Eingangsbereich notdürftig wiederhergestellt. Diese Gasse war in der Morgendämmerung fast menschenleer.

Trotzdem waren es einige, die sich schweigend und eingehüllt in dunkeln Tüchern und Umhängen hinter der Pforte trafen. Es blieb still. Dann gingen sie zu dem Eingang der Katakombe.

Hier stand der alte Petrus, über sich an der Wand das Bildnis jener von oben gekrönter Gestalt, die sich beschränkte. Ein einfacher Sarkophag wurde seitwärts am Durchgang zu der ältesten Katakombe an ihm vorbei getragen. Er segnete den, der ihm lag. Die Nische, wo der

Sarkophag stehen sollte, war tief in Katakomben. Hier angekommen stellte man ihn hinein. Die Fackeln leuchteten ruhig; jeder, der hier war, empfand das Friedliche, das sie miteinander verband.

Petrus sprach jene Worte, die jeder verstand, ob er der Sprache mächtig war oder nicht. Dann wies er auf Saturnina.

Saturnia, die Hinkende, trat vor, und wie in Übereinstimmung mit allen sprach sie: „Der, den wir hierhin brachten, ist niemand aus der Stadt. Er kam aus Felice Circeo, war ein Fischer. Wir sind ihm begegnet im Jahr 33, am 4.April. Er nahm mich auf. Ich war schwer verletzt, verzweifelt, unser Schiff war gesunken, mein Mann und mein Kind mit ihm. Als für mich Hilfe geholt wurde, von meinen beiden Gefährtinnen, da holte er mich aus dem durch die sehr schwere Wunde hervorgerufenen, fiebrigen Traum, er holte mich zurück und sagte: *Saturnina, ... weiche nicht zurück, weiche nicht zurück!* Ich ahnte, was er damit meinte."

Im *Carcer Mamertinus*, zur gleichen Zeit der wächterlosen Morgendämmerung, las Paulus jenes dichtbeschriebene Blatt von Aquila Pudens:

Paulus, noch bist du am Ort des Überganges. Dass sich nicht leeren deine Augen, mit denen du schon den Auferstandenen sahst, vor dem Licht des Tages. Du plötzlich schweigst, angesichts der ausweglosen Situation, in der du in Rom bist. Die Mission, die dir aufgeben, ist bedeutsamer, als dass sie hier ihr Ende fände. Geh, wenn man dich aus dem Kerker entlässt, nach Nomentum, in der Nähe

Roms. Begegne ihm! Dem, der viel mehr an Würde für den Kaiserthron zeigte, als der jetzige Kaiser es tut.

Geh zu Lucius Annaeus Seneca, noch lebt er, bevor er von Nero in den Tod getrieben wird. Vielleicht könnt ihr beide die in Trümmern liegenden Altäre der Menschenwürde neu errichten.

104. Abschnitt

Er hielt seinen Federkiel in seiner rechten Hand, stand vor seinem Schreibpult im Palast der Schreiber und lauschte. Der dunkel gelockte, hochgewachsene Freigelassene, mit sehr feinen Händen und einem eher griechisch als römischen Antlitz.

Der Pätorianerpräfekt ging unruhig vor ihm hin und her, dann zog er entschlossen seinen dunkelroten Waffenrock mit der schwarzen Schärpe zurecht, bevor er sagte: „Schreibt! Der Soldat Lucus wird aus seiner Haft im Mamertinus bei der heutigen Wachablösung entlassen. Ihm gebührt keinerlei Ehre, sein Besitz wird beschlagnahmt, weil anderes ihm nicht gebührt."

„Dies ist der Befehl, den ich niederschrieb", wiederholte der Schreiber. „Aber höchster Präfekt Tigellinus, bedarf er nicht einer Begründung?", fragte der Schreiber.

„Ich brauche nichts zu begründen ", zischte ihn Tigellinus an. Doch sein Auf-und-ab-Gehen wurde noch unruhiger. Der Schreiber beobachtete, dass er dauernd seine rechte Hand verkrampfte, als hätte er Schmerzen.

„Schreibt jetzt einen zweiten Befehl!", gebot er. „Der Judenchrist Paulus ist am nächsten Tag bei der Wachablösung aus dem Kerker Mamertinus zu entlassen. Ihm ist aber verboten, die Stadt zu verlassen. Nur darüber ist er zu unterrichten. Merkt Folgendes an: „Der Judenchrist bleibt ständig begleitet von Lucus, dem entehrten Soldaten. Der hat zu melden, wenn dieser Christ gegen das *Edikt des Kaisers* aus dem Jahr 61 verstößt. Hänge das Edikt an, beides ist dem Lucus zu verlesen."

Der Schreiber wiederholte und fragte: „Aber Präfekt, wovon soll Lucus denn leben?"

Tigellinus sah ihn erstaunt an. „Mein Freund", sagte er zynisch, „schreib noch dazu: wenn Lucus diesen Christen und den anderen, der glaube ich, Petrus heißt, überführt, soll ihm alle Ehre gebühren, er das Beschlagnahmte zurückbekommen. Ansonsten betrachte ich ihn als Bedeutungslosen."

Das harte, blassgraue Gesicht des Prätorianerpräfekten verzerrte sich einen Augenblick lang, er krampfte die Hand fest zusammen; als er sie wieder öffnete war an der Stelle, wo jenes kleine Kreuz seine Handinnenflächen berührte, ein undefinierbares schwarzes Geschwulst. Der Schreiber hatte inzwischen das *Edikt* herbeigeholt und las es Tigellinus noch einmal vor, mit der Frage, ob es das richtige sei. Es war aus dem Jahr 61. Bestimmt war es für den Feind, der hieß: *Christiani.*

Es drohte auf das Verhängen mit schwersten Strafen, unterließe es der Feind nicht, weiter so zu wirken, wie er es tat, das heißt, seinen verhängnisvollen Aberglauben zu verbreiten.

Tigellinus beantwortete die Frage nicht mehr. Er verließ wehklagend den Saal; was der Schreiber noch hörte war, dass er vor sich hin sagte: „Es war das Kreuz, das Kreuz."

105. Abschnitt

„Hier, nehmt!“

Er gab ihm einen Sack mit Kleidung und knallte das Gefängnistor zu.

Lucus, nur mit einfachstem, römischem Gewand, ohne Gürtel, bloß mit Kordel gebunden, sah in den milden Glanz der südlich abendlichen Sonne.

Was jetzt?, dachte er. Etwas seitwärts sah er die Straße hinauf zum Esquillin. Ihr folgte er, vermied, jemanden anzusehen oder zu grüßen, bis er vor dem Eingang stand.

Ich möchte zu Senator Pudens“, sagte er. Der römische Wachsoldat, der das Gelände bewachte, sah ihn abschätzend und misstrauisch wegen seines Kleidersackes an. Lucus erwiderte den Blick; etwas war darin, das den Soldaten reagieren ließ, das war nicht der Blick eines Sklaven, eines Freigesprochenen oder noch schlimmer eines Bedeutungslosen. „Senator Pudens wohnt hier nicht mehr!“

„Verzeiht“, sagte Lucus, „dann zu jemandem von denen, die hier wohnen.“

„Wartet hier“, sagte der Soldat, „ich hole den grauhaarigen Mann mit der ringförmigen Narbe an seinem Armgelenk.“

Er wartete.

Pudens kam. Blieb vor ihm stehen und sagte nur: „Lucus?“

Im Angesicht Lucus’ erkannte er, was mehr als Worte waren. „Komm, komm mit!“, sagte Pudens.

Irgendwo in dem großen Palast, etwas abseits, saßen dann eine ganze Weile der ehemalige Senator und der Mann mit dem grauen Bart und sprachen.

„Herr," sagte Lucus, „als ich damals kam, um den Befehl gegen Jonatan, den Judenchristen, auszuführen, da sagtet Ihr mir: *Führe deinen Befehl aus, und unterscheide!*, ich tat wie ihr mir geheißen habt. Jetzt bitte ich Euch, helft mir zu unterscheiden."

Dann legte er Aquila Pudens die zwei Schriftstücke hin. Er las sie und blickte ihn dann an. „Was bedeuten sie dir, Lucus?", fragte der Senator.

„Der erste Befehl. Meine Entlassung aus dem Dienst, verbunden damit, mir alle Ehre abzusprechen und meinen Besitz zu beschlagnahmen, verletzt mich. Wie ihr doch eigentlich auch auf Lebenszeit Senator seid, so bin ich es als Soldat, auch wenn Ihr eigentlich im Exil sein müsstet und ich entlassen wurde."

„Ja, antwortete Pudens, aber was tatest du denn, dass man dir die Ehre absprach, dir deinen Besitz nehmen will?"

„Nichts …, außer meinen Befehl auszuführen", antwortete Lucus. „Als Bote des Kaisers wurde ich nach Korinth geschickt, den Befehl für die Herausgabe des Schatzes aus deren Tempel zu überbringen. Der Statthalter versicherte mir, dass in dem einzigen Tempel kein Goldschatz wäre, er mir nur ein kleines Kreuz mitgeben könnte, das der große Feldherr *Gnaeus Corbulo* auf seinen erfolgreichen Schlachten trug und ihn schützte. Dies brachte ich zurück, übergab es dem Präfekten, er aber schmiss es auf die Erde, weil es seine Handinnenfläche verbrannte."

„Halt ein, Lucus", sagte der Senator bedächtig. „Ich weiß, dass sich *Gnaeus Corbulo* auf Befehl des Kaisers in Korinth selbst umbringen musste."

„Ja, auch das sagte ich dem Präfekten", ergänzte Lucus erregt.

„Was aber geschah mit dem Kreuz, das für den Kaiser bestimmt war?“, fragte Pudens.

„Der Präfekt ordnete die Saalwache an, mich sofort festzunehmen; sie kamen und taten das, er schrie ihnen noch nach, dass sie mich dorthin bringen sollten, wo der Judenchrist Paulus inhaftiert sei. Er selbst verließ den Saal. Dieses grün-mattgolden schimmerte Kreuz lag auf dem Boden, aber es war da, und gleichzeitig änderte sich sein Schimmern, und mir war, als ginge es in die Erde ein. Dann wurde ich abgeführt.“

„Warum meinst du, kamst du in das *Mamertinus*?“, fragte Pudens.

„Drei Gründe vermag ich zu erkennen, jedoch keinen für diesen Befehl. Der erste ist, dass ich nicht jene Menge Gold brachte, die er erwartet hatte. Der zweite ist, dass das, was ich brachte, ein Kreuz war, das ihm die Hand verbrannte, während es Corbulo schwerste Schlachten lebend bestehen ließ. Der dritte Grund ist die unterwürfige Blindheit, mit der er aus seiner Macht versucht, dem irregeleiteten, gierigen Willen dessen, der den Befehl zur Plünderung der Schätze erließ, zu folgen.“

„Ich frage dich wieder, Lucus, nach diesem Kreuz. Konnte dir Paulus sagen, warum es dem Präfekten die Hand verbrannte und *Gnaeus Corbulo* schwerste Schlachten lebend bestehen ließ?“

„Ja“, sagte Lucus, „Paulus gab es Corbulo, sie begegneten sich in Hellenin. Paulus war auf Missionsreise und Corbulo dabei, Verbände für die Schlacht in Armenien zusammenzustellen. Ihr Wille war ähnlich, beide handelten bei größtem Widerstand und beide moralisch in guter Absicht, Corbulo für das Imperium Romanum, Paulus für die

Christenheit. Das Kreuz selbst entscheidet, an wessen Herz es bleibt. Ich durfte es kurz tragen, als ich nach Rom zurückritt. So erklärte Paulus es mir."

„Dann hättest nur du es auch dem Kaiser übergeben können?", fragte Pudens.

„Ja, Senator, auf einem der vielen goldenen Tabletts im Beisein seiner Gespielinnen. Er hätte mich schallend ausgelacht", sagte Lucus und presste seine Lippen zusammen. „Hört bitte den zweiten Befehl", bat Lucus. *Der Judenchrist Paulus ist am nächsten Tag bei der Wachablösung aus dem Mamertinus zu entlassen. Ihm ist aber verboten, die Stadt zu verlassen. Nur darüber ist er zu unterrichten. Der Judenchrist bleibt ständig begleitet von Lucus, dem entehrten Soldaten. Der hat zu melden, wenn dieser Christ gegen das Edikt des Kaisers verstößt. Dieses ist beigefügt. Wenn Lucus diesen Christen und den anderen, der glaube ich, Petrus heißt, überführt, soll ihm alle Ehre gebühren, er das Beschlagnahmte zurückbekommen. Ansonsten betrachte ich ihn als Bedeutungslosen.* Was meint ihr was das bedeutet?", fragte Lucus resigniert.

„Du bist einem wirklichen Dilemma ausgesetzt, Lucus! Dieser Befehl spricht die Sprache einer blinden gefährlichen Schlange mit der Fehleinschätzung dessen, der du bist. Wende dich diesem Schwierigen zu, weiche nicht aus, Lucus. Doch folge nur deinem Willen, er führt.Andere Ratschläge wären billig", antwortete Pudens ernst.

106. Abschnitt

Ein Weib, ein Weib in der Säulenhalle vom Pontifex Maximus, der Priesterhierarchie Roms?

„Du hier, … was willst du?“

Breitbeinig stellte sich der Wachsoldat vor Donata.

„Den Flamen sprechen, will ich“, sagte sie.

„Aber warum das denn?“, dabei grinste er.

Sie sah ihn hellwach an, hielt seinem verschwommen werdenden Blick stand.

„Ich will den Flamen sprechen, … fehlt dir was, Soldat?“, sagte sie nicht allzu laut, aber klar.

Er erwachte aus seiner Trance, nahm wieder Haltung an. „Nur Bürgern ist es erlaubt, den Flamen zu sprechen, ihr seid sicher eine Sklavin oder Freigelassene.“

Donata trat nah an ihn heran und hielt ihren Ring unmittelbar vor seine stierenden Augen.

„Ihr seid, … Ihr seid eine frei geborene römische Edelfrau“, stotterte er.

„Ja, das auch“, sagte sie entschlossen“, und jetzt, bei Zeus, führt ihr mich zum Flamen!“

Sie wechselten keine Worte mehr.

Der Priester erschrak, als der Soldat die Tür wortlos geöffnet und wieder geschlossen hatte und Donata vor ihm stand. „Ihr seid nicht angemeldet“, sagte er desinteressiert.

„Und ich sagte Euch, Flamen, dass Ihr irrt!“

„Nein, das ist unmöglich“, antwortete er. „Da wart ihr, dieser Petrus und diese Alte, die sich auf die Giftmischerin aus den Schwefeldämpfen Neapels bezog. Alle von diesem verhängnisvollen Aberglauben Besessenen und sicher noch einige andere dieser Christen“, sagte er und fuhr sanft fort:

„Aber eine Edelfrau wir Ihr will sicher etwas zu ihrer Rechtfertigung sagen, oder?“

Dabei lächelte er sie zynisch heuchlerisch an.

„Ihr irrt“, antworte Donata stoisch.

„Na was denn, was wollt ihr von mir, ich werde es bald dem Kaiser berichten, was mir bei Euch geschah,“ sagte er erbost.

„Ja“, sagte Donata, „ich sehe jetzt, dass der Schlüssel zum Ganzen in dem Effekt zu suchen ist, den der Begriff *Christen* auf Euer Urteilsvermögen hat. Allein dieses Wort reicht aus, um Euren kritischen Verstand lahmzulegen. Eure Vorstellung, Flamen, dass sich jemand in unpassender Weise nicht auf die allgemeine Göttergläubigkeit beruft, muss diesen einen Konflikt mit Eurer kaiserergebenen Loyalität auslösen. So etwas scheint über das pflichtgetreue Verständnis Eures Priesteramtes hinauszugehen und gegen Nero, als Gottähnlichen, zu verstoßen.“

Entsetzt stierte er Donata an, diese aber setze ihre Worte fort: „Aber angesichts dessen, was Ihr an dem Gottähnlichen erkennt, bedeutet Eure einzige Sicherheit, ihm und seinem geplanten Weg zu folgen. Deshalb frage ich Euch, Flamen, ließt ihr die Felle vorbereiten, um Christen zu verbrennen?“

Er war schockiert. „Ihr, … Ihr seid viel schlimmer als die Giftmischerin! – Wache, Wache“, schrie er, „führt dies Weib sofort hinaus.“

Auch als sie fort war, blieben die Worte – und wenn nicht diese, zumindest die Frage, und wenn auch nicht diese, so doch der Verdacht, dass sie wüsste.

Innerlich sah er sich schon vor dem Kaiser stehen, wie er seinen ausdruckslos starren Blick kaum würde ertragen können, wenn er ihm mündlich mitteilen müsste, dass die Christen die Stadt verlassen hatten, geflohen, ihrer möglichen Verfolgung entgangen seien. Er ahnte, dass dann des Kaisers Willkür gleich einer giftigen Furie auf ihn springen wurde …, dass er aller Ämter enthoben würde.

So saß er, dieser Vorstellung hingegeben, zitternd auf seinem gepolsterten, mit breiten Lehnen versehenen Stuhl. Aber dann besann er sich, er, der lesen und schreiben konnte. Wäre es nicht klüger, so wähnte er, dem gebildeten Kaiser mitzuteilen, was es mit der Irrlehre dieser Christen auf sich hatte, von der er eines sicher verstand, nämlich dass sie mit seinem Götterverständnis des Kaisers nicht übereinstimmte?

107. Abschnitt

Lucus war auf sich gestellt. Die Worte des Senators – *Nimm jetzt deinen Willen zu dir, wende dich diesem Schwierigen zu, halte es fest vor deinem Geiste, weiche nicht aus* – ließen nicht zu, sie zu vergessen. So suchte er sein bescheidenes Backsteinhaus auf, ganz in der Nähe der Gräben. Hier blieb er. Ihm wähnte, dass Präfekt Tigellinus erst dann etwas beschlagnahmen ließ, wenn Paulus den Kerker verlassen haben würde. Die Unsicherheit aber, die entstand, kannte er aus dem Vorfeld mancher Schlachten. Doch als Denunziant würde es sich nicht gebrauchen lassen, das war sein Entschluss.

Tatsächlich kam schon in der frühen Abendstunde des Tages, an dem Paulus das Gefängnis verließ, eine Kohorte von drei Soldaten, um den Befehl des Präfekten auszuführen. Der Anführer dieser Soldaten war Timotius.

„Lucus“, sagte er. „Unser Befehl ist, alles, was dir Wert hat, zu enteignen, vor allem das Gold aus Korinth. Gib es uns.“

Lucus sah ihn an, antwortete: „Komm!“

Daraufhin holte er sein erstes Schwert, den Schild, Waffenrock und Tornister, legte alles sorgfältig zusammen und gab es ihm. Dann sagte Lucus: „Mein größter Schatz ist meine Vergangenheit, selbst wenn ich wollte, diese kann ich dir nicht reichen.

„Nein“, sagte Timotius verständig, „aber das Gold aus Korinth.“

„Ich konnte kein Gold mitbringen, weil keines da war. Das einzige Stück wertvollen Goldes, das mir der Statthalter Korinths gegeben hat, gab ich Tigellius in seine Hand. Der aber schmiss es auf die Erde. Es war keine goldene Münze oder Geschmeide, es war ein kleines Kreuz. Ich hob es nicht auf, denn ich wurde verhaftet.“

„Er sprach von mehreren Kisten“, sagte Timotius.

„Dann führe deinen Befehl aus, Timotius, durchsuche mein Haus!“

Die Soldaten durchsuchten vergebens, sie fanden nichts.

„Mit wie vielen Pferden rittest du nach Korinth?“, fragte Timotius danach.

„Mit einem,“ antwortete er.

„Und mit wie vielen kamst du zurück?“

„Mit einem“, antworte er wieder.

„Damit konntest du keine Kisten transportieren.“

„So ist es“, stellte Lucus fest.

„Aber was war das für ein Kreuz?“, befragte ihn Timotius weiter.

„Es passte in die Innenfläche der Hand und gehörte dem

Feldherrn Corbulo, der hatte es in allen Schlachten getragen, gegeben hatte es ihm Paulus."

„Corbulo war Christ?", erstaunte sich Timotius.

„Nein, Timotius. Corbula war Feldherr, ähnlich wie es Petrus einst war, das verband beide. Aber das Kreuz selbst entschied, wer es zu tragen innerlich vermag."

Kann es sein, dass Tigellinus diese Kraft nicht hatte?"

„Sag besser, noch nicht hat. Hätte er sie, gäbe er nicht einen solchen Befehl, mir eine Tugend nehmen zu wollen."

„Du meinst, dass diese Kraft eigentlich eine Tugend ist?"

„Es ist eine Tugend, jene, bei größtem Widerstand in guter Absicht zu handeln!"

„Was soll ich Tigellinus sagen?", fragte Timotius.

„Du hast deinen Befehl ausgeführt. Ihr habt, was ich hatte, und auch er hat bekommen, was ich hatte."

„Du weißt, dass du alles zurückbekommen sollst, wenn du Paulus und Petrus überführst, sollten sie gegen das Edikt des Kaisers verstoßen."

„Ja, Timotius, ich weiß es, aber du versteh, was hier geschieht! Dieses goldene Kreuz war für den Kaiser, nicht für den Präfekten, und vielleicht erleben wir dereinst, dass ein Kaiser das Kreuz trägt", antwortete Lucus.

Timotius salutierte aus Ehrerbietung vor Lucus und nahm dessen erstes Schwert, den Schild, Waffenrock und Tornister mit.

108. Abschnitt

Auch die Zeit des Frühlings ging vorbei. Noch war es nicht soweit, dass Rom einen Kaiser hatte, der das Kreuz trug.

Nero aber wurde angetragen, dass in der Stadt, die nach

seinem Verständnis auf dem Mittelpunkt des Erdenkreises erbaut war, der Volkszorn wuchs. Nicht auf ihn, der sich selbst als griechischer Künstler ansah und seinem Joch als römischer Kaiser innerlich zu entfliehen suchte. Er hatte doch die Götter besänftigt, sah sich als des Volkes Ernährer, verstand sogar, wie er dem Präfekten sagte, dass der Pöbel Roms zornig war. Aber er rückte nicht ab, das Goldene Haus, die *Domus Aurea,* zu bauen, Steuern zu erheben, auch nicht davon, die Straßen zu verbreitern. Aber jene Provinzen, die sich des Kaiserbefehls zur Plünderung ihrer Tempel wegen des benötigten Goldes widersetzten, rückten auch nicht ab, Widerstand zu leisten.

Der Prätorianerpräfekt suchte wieder die gleiche rothaarige Haruspex auf. Wann denn die beste Zeit für Blutopfer sei, war seine Frage.

„Sehr bald", sagte diese, auch dass die Gedärme so günstig lägen, dass er mit anderen Beratern den Kaiser würde überzeugen können, für das, was zu tun war. Mehr Bestätigung brauchte er nicht.

So riet er, unterstützt von dem in priesterlichem Gewand gehüllten Flamen, dem Kaiser noch vor dem Beginn der *Neronia*-Spiele im Sommer durch ein Exempel, durch einen einzigen Tod, den Zorn des Pöbels zu beruhigen. Es läge beim Kaiser, räumte er ein, selbst den Prozess zu führen, denn schließlich handelte es sich um Hass gegen das Menschengeschlecht und Volksverhetzung.

„Was ist mit der Brandstiftung?", fragte der Kaiser lauernd und zynisch den Präfekten.

„Wenn die Peitschen blutig sind, wird es vielleicht zugegeben", antwortete der Präfekt zögerlich, gewöhnt war er an die tyrannische Unberechenbarkeit des Kaisers.

„Flamen, was hältst du davon?“, fragte der süffisante Kaiser.

Der durch die Frage Geehrte zog sein Gewand gerade und antwortete: „Nicht die Juden waren es, die wir kennen und die ein- und ausgehen in unseren Palästen, sie sind edel. Es waren die Christen, derer sind nicht allzu viele in der Stadt. Einer von ihnen heißt Petrus. Den meine ich besonders, er schätzt Eure Hoheit vermutlich gering, kniet nicht nieder vor Euch und küsst nicht Euren Saum. Er sei angeblich ein Jünger dieses christlichen Gottes und Messias, der in Judäa ans Kreuz genagelt starb.

„Den will ich anhören, ihm sein gerechtes Urteil verkünden. Holt ihn!“, befahl der Kaiser.

109. Abschnitt

Petrus, der in jener Sommernacht, in deren Folge es zu dem Verhör, der Verurteilung und der Kreuzigung kam, zu der kleinen andächtigen Gemeinde sprach, war es, als mischte sich das Wetterleuchten der Geschichte selbst ein, als an der schweren, hölzernen Tür des Hauses eine wilde Kohorte Neros Einlass begehrte. Sie stanken nach Wein aus allen Poren, bis auf einen, dem Hauptmann der Horde, der direkt durch den schmalen Gang auf Petrus zuschritt, seiner Horde noch zu warten befahl. Ihn zu verhaften war einzig sein Auftrag. Petrus erhob sich von seinem Lehrstuhl, sah, was geschehen sollte. „Du bist ein freier Römer und Zenturio, was befahl dir der Kaiser?“, sprach er den Hauptmann an.

„Dich endgültig zum Verhör abzuführen und dann die Bestrafung zu vollziehen, ist mein Auftrag.“

Und was ist mit diesen?“, fragte Petrus ihn, er wies dabei auf die Gemeinde.

„Ich habe keine Befehle dazu.“

Da brach ein Tumult aus, weil die betrunkenen Soldaten der Horde schrien: „Nehmt alle mit, nehmt alle mit!“

Der Hauptmann, irritiert von dem Tumult, befahl seiner Horde zu schweigen. Er selbst trat befangen, fast unwillig an Petrus heran, ihm seine Hände zu binden. Er empfand mit jedem Handgriff, den er an dem Gefangenen tat, als würde ihm gerade eine tiefe Wunde gerissen, nicht äußerlich gewiss, aber schicksalsbedingt. Der Blick und die unantastbare Helligkeit dieses achtzigjährigen Mannes ließen ihn Befehl und Macht förmlich vergessen.

110. Abschnitt

Im heißen Licht des Mittags am darauf folgenden Tage erlebten die Gefährtinnen in unmittelbarer Nähe, wie man ihn, den Achtzigjährigen, auf der anderen Seite des Tibers, auf der Anhöhe in Montorio – also dort, wo alle sieben Hügel Roms leuchteten – ans Kreuz schlug, mit dem Kopf nach unten, wie er es sich selbst gewünscht hatte, um sich von seinem Herrn zu unterscheiden. So das weltbeherrschende Rom unter sich, hauchte Petrus seine Seele aus. Ein Opfer von Neros Wahn scheinbar – in Wirklichkeit aber Sieger über das Rom dieses Kaisers. So empfand es deutlich erkennend Donata.

Das Volk, dem es Warnung sein sollte, stand weit abseits und in geringer Zahl dabei. Unerkannt unter ihm Lucus, Aquila Pudens und Paulus. Sie sahen den Menschen am Kreuz, sein Blut der Erinnerung dunkeln. Er und das Volk blieben still. Paulus schwankte, griff unbemerkt kurz die Hand von dem Mann mit der Narbe am Armgelenk, Aquila Pudens, und des neben ihm stehenden Lucus. Beide erwiderten den Druck seiner Hand. Ein wortloses verstehen floss über: *Wir die nichts besitzen, werden sie lehren, den Frieden.* Paulus machte sich auf den Weg zu Seneca in *Nomentum.*

111. Abschnitt

Sie, deren Name auch *die Geschenkte* war, kannte Petrus, und dies ein wenig besser als sie. All dies, was er ihr verlieh, verlieh Donata dank ihrer Geistesgaben auch ihren Gefährtinnen. Fast zwanzig Jahre lang bewirkte Petrus die stille österliche Sphäre, die immer wieder und wieder entstand, wenn er das Sakrament zelebrierte und sie segnete.

Ob in der kleinen Kapelle, den halb dunklen Katakomben oder zuletzt vor dem steinernen Wandbild der von oben gekrönten Gestalt, die sie erkannte. Wie oft war ihr, als wäre sie dabei gewesen, wenn er über den Weg des Herrn sprach in jener Sprache, die jede von ihnen unmittelbar verstand. Sie erinnerte sich daran, und sie und ihre Gefährtinnen bekamen daraus eine immerwährende Kraft für alles, was ihnen noch bevorstehen würde.

112. Abschnitt

Statt Paulus auf seinen Wegen zu begleiten, reiste Lucus, der ehemalige Soldat, in die Stadt Pisa, drei Tagesritte von Rom entfernt.

Aquila Pudens hatte ihm, nach der Kreuzigung des Petrus, eine Botschaft zustellen lassen, die aus einem Namen und sechs Worten bestand: *Claudia Acte – Puteoli und Velitrae – Sklavin königlicher Geburt.* Lucus verstand die verschlüsselte Botschaft, kannte Claudia. Er machte sich, Rom hinter sich lassend, auf den Weg und fand sie auf ihrem Anwesen in *Puteoli* bei Pisa. Warum tat er das?

Nachdem Claudia als minderjährige Sklavin aus der Provinz Asia in den Besitz des Kaisers Claudius gekommen war, war sie schließlich eben durch ihn auch eine Freigelassene geworden. Der ehemalige Senator erinnerte Lucus daran, wie er einst für den Sklaven Timotius die Freilassung erwirkt hatte.

Claudia, die immer am kaiserlichen Hof gelebt hatte, wurde von dem achtzehnjährigen Nero im Jahr 55 als seine Geliebte erkannt. Diese Liebe war heftig und kompliziert, denn der zukünftige Kaiser war einer anderen Frau durch seine eigene Mutter versprochen.

Ehelichen konnte Nero Claudia Acte nicht, weil eine solche Verbindung zwischen den Mitgliedern des Herrscherhauses oder des Senats mit Freigelassenen nicht geduldet war.

So versuchte der Kaiser, ihre Herkunft als Sklavin in eine aus einem Königshaus Stammende umzuwandeln, was nicht gelungen war.

Aber dann geschah etwas mit der fast zur Kaisergattin Gewordenen, mehr mit ihrem Geliebten Nero. Er entdeckte Poppaea Sabina und trennte sich von Claudia. Nero überhäufte Claudia mit Geschenken und schenkte ihr den Grundbesitz *Puteoli und Velitrae.*

Als Claudia mit Lucus in den Tempel der Göttin Ceres in

Pisa ging, wies sie ihn still auf die Wandinschrift hin. Er las, was in schönen Lettern geschrieben war: *Ich bitte, dass Neros Liebe zu mir nie erlösche und seine Heirat mit Poppaea Sabina verhindert werde, von der Göttin.*

„Du liebst ihn weiterhin?", fragte Lucus.

„Ja", sagte Claudia, „ich bleibe ihm und mir treu bis zum Lebensende. So ließ ich meine Sklaven alle frei, und ich weiß, unter ihnen waren viele der Christen."

Lucus verstand noch mehr, warum der Senator ihm diese Botschaft gegeben hatte. Und er erinnerte sich einiger Männer, die während der Kreuzigung in seiner Nähe gestanden hatten und in deren Blick außer mitempfundenem Leid beherrschter Zorn zu erkennen gewesen war.

Nach der Erfüllung seines Auftrags kehrte Lucus zusammen mit den für die Spiele einströmenden Massen nach Rom zurück.

113. Abschnitt

Timotius salutierte vor seinem Kommandanten, dem Prätorianerpräfekten. „Ich habe meinen Befehl ausgeführt … den Befehl, alles, was für den ehemaligen Soldaten Lucus Wert hat, zu enteignen, vor allem das Gold aus Korinth."

Da horchte der Prätorianerpräfekt auf, sah ihn an, „Wo ist es?", schrie er.

„Den Sack seiner Kleidung verbrenne, Waffe und Schild kannst du zum Schmied bringen. Ich will allein das Gold!"

„Ich sage euch, Befehlshaber, Ihr habt, was ich von ihm bekommen habe, und Ihr habt bereits bekommen, was für den Kaiser bestimmt war, so sagte es Lucus mir."

Zornesrot lief der Präfekt an. „Er, er meint das kleine

Kreuz, das aus Korinth ..."

„So ist es, aber weiteres Gold hielt Lucus weder dem Kaiser noch euch vor," antwortete Timotius.

Plötzlich trat in des Befehlshabers Gesicht Zornesröte und zögerlich sagte er: „Korinth, … ja dahin wird im nächsten Jahr der Kaiser mit seinem Gefolge ziehen. Dort will er an den Spielen der Hellenen teilnehmen, dort wird ihm wieder Gold beschert sein. Aber bald in diesem Jahr sind die *Neronia* in Rom."

Abrupt wandte er sich ab und ging.

114. Abschnitt

Die Kreuzigung. Die Kreuzigung des Petrus, bei dem die johlenden Rufe fehlten vom Volk, dem Pöbel, ließen beim Prätorianerpräfekten Zweifel aufkommen, ob der wegen des Hasses auf das Menschengeschlecht und der Aufwiegelung zum Irrglauben Verurteilte wirklich der war, der auch die Brandstiftung veranlasst hatte.

So beriet er sich erneut mit dem Flamen, dem Kaiser noch anderes vorzuschlagen. Das taten sie.

Zunächst legte Nero entrüstet über die Störung die Zeichnung der Throntribüne zur Seite. "Hier werde ich stehen, und ..." – er zeigte auf eine bestimmte, hervorgehobene Stelle – „... und alles wird so sein, dass das Volk denkt, wir sehen einen Gott, und der steht vor ihnen", sprach der Kaiser, und setzte fort: „Und als ein solcher sage ich euch: Du, Tigellinus, führst die Prozesse, du bist der Stadtpräfekt, aber ich behalte mir die Bestimmung über die Art ihres Todes vor. Denn sterben müssen sie alle, diese Christen, und das Volk wird jubeln! Hört jetzt, was ich beschlossen habe.“

Nero trug ihnen vor, was er beschlossen hatte, und schon riefen die zahlreichen grazilen Gespielinnen, die die drei umgaben, ihr Entzücken aus. Dann fragte Nero den Flamen, was er davon halte.

„Oberster Pontifex, Eure Majestät, verbunden bin ich mit den Götterwelten. Es erschien mir unsere Göttin Fama, Ihr wisst: die mit dem stets wandelnden Gewand. Sie wäre bereit, mit ihren unzähligen plappernden Mündern und trotz ihres fürchterlichen Antlitzes uns Botin zu sein – die es heraustrüge unter den Pöbel, in die Weinschenken, die Märkte, die Gassen, wenn Ihr es nur sagt: *Die Christen, die Christen, die steckten ganz Rom in Brand!*

Begeistert von dieser Offenbarung sagte der Kaiser: „Schick die Göttin nur los!“

115. Abschnitt

Die Sommerresidenz bei Antium, geologisch auf einer Landplatte aus Bimsstein, Ton und Granit erbaut, war ein merkwürdiger Ort. Ein Leben war es, das hier begonnen hatte, und zwei waren es, die hier endeten.

Das eine hatte am 21. Januar 63 begonnen, es hieß *Augusta* und starb vier Monate später. Das andere Leben, das eines sechsjährigen Jungen mit dem Namen *Rufrius*, wurde hier durch Ertränken in einem riesigen Fass beendet, dessen Rand nur über eine Leiter zu erreichen war. Die Hände, die das Kind unter Wasser hielten, bis es ertrank, handelten auf Befehl des Kaisers.

Gemeinsam war den beiden, *Rufrius* und *Augusta,* sie hatten die gleiche Mutter und verschiedene Väter. Rufrius’

Vater, hieß wie der Sohn, *Rufirus Crispinus,* und war von ritterlichem Stand. Augustas Vater hieß Nero. Die Mutter der Kinder hieß *Poppaea Sabina.* Mit 31 Jahren wurde sie im Jahr 62 die Kaisergattin Roms. Geboren wurde sie im hellenistischen Pompei. Sie war gebildet, und man sagte ihr Weisheit nach – Weisheit auch der Art, als der Kaiser noch nicht die Todesart für die Christen bestimmt hatte, den Einschmeichlungen seiner anderen Gespielinnen überdrüssig geworden war und sie ihm sagte, welche der Arten des Todes besonders den Christinnen ganz im Sinne der Götter und Mythen am meisten entspräche.

Sie war ausdrucksvoll schön, galt als eine der schönsten aller Frauen ihrer Zeit. Rotgoldendes Haar trug sie anmutig geflochten. Sie war von wohlgeformter, edler Gestalt, ihre Haut war rein, weiß und blass. Schönheit und Sinnlichkeit umgaben sie. Ging sie in den Palästen umher, hatte sie ein halb verschleiertes Angesicht, *um dem Auge nicht volle Befriedigung zu gewähren oder die vornehme Blässe zu erhalten,* so sagte es ein Dichter. Ihr Wunsch war *sterben zu dürfen ehe sie verblühe.*

Um das zu verhindern, ließ sie Maultiere, die ihren Wagen zogen, mit vergoldeten Schuhen versehen und fünfhundert Eselinnen, die eben gefohlt hatten, täglich melken, um sich in ihrer Milch baden zu können. Die, die mit ihr waren, wussten, dass ihre Schönheit mit Berechnung und ihre Sinnlichkeit mit Wollust gepaart waren, sie fürchteten entweder ihren Zorn, ihre Grausamkeit oder beides.

116. Abschnitt

Eine merkwürdige Dürre, der sommerlichen Hitze geschuldet, war im Umland Roms ausgebrochen, auch in der Sommerresidenz des Kaisers bei Antium, ein Tagesritt von Rom entfernt.

Etwas Sinnloses hatte es an sich, das, was sie taten. Es war schwer, sie waren Frauen. Für die Sklaven, die dort sonst arbeiteten, galt diese Arbeit nichts und auch nicht die, die sie taten. Danaidenarbeit hieß sie.

Dort waren Donata und die Gefährtinnen. Sie galten als Gefangene. Angeklagt waren die Christen, beschuldigt waren sie wegen gemeingefährlicher Tatbestände wie Brandstiftung und des Hasses auf das Menschengeschlecht im Jahr 64. Doch das endgültige Urteil fehlte, es zu verkünden behielt sich der Kaiser vor. Auf Grund dieser Vorwürfe hatte Tigellinus sie als Stadtpräfekt alle gefangen nehmen lassen, des Nachts bei dem unsteten Flackern der Fackeln, in dem Gewölben des Kerkers, durch Peitschen manche Geständnisse erzwungen und sie in einem daran anschließenden Massenprozess als schuldig befunden. Als Stadtpräfekt oblag ihm die militärische Befehlsgewalt. So hatten seine Soldaten sie in Arbeitshaft genommen, getrennt nach Männern und Frauen. Sie alle wussten es nicht. Aber er. Das Ende dieser Haft war der Beginn der Neronischen Spiele.

Die Frauen – unter ihnen Donata, ihres Ringes beraubt, die Gefährtinnen allem Eigenen – waren entkräftet. In grob gewobene, graue Gewändern gekleidet, führten sie diese Gefangenenarbeit aus. Von dem schmalen Strandstreifen aus erhoben sich die Klippen mehrere Meter hoch bis zu dem Plateau, wo die Residenz des Kaisers lag, umgeben von einer Mauer aus Felsgestein. An einer der Mauern stand ein riesiges Fass, dessen Rand nur über eine Leiter zu erreichen war. Eine Wegstrecke davon entfernt war ein abgrundtiefer Brunnen, aus dem Wasser geschöpft werden musste von ihnen. So zogen sie an einer Seilwinde die Eimer empor, füllten sie in eine Art hoher Krüge, trugen sie auf ihren Schultern zu dem riesigen Fass, betraten die Leiter bis zu dessen Rand und gossen das Wasser in das Fass hinein.

Doch zu meinen, es könnte sich füllen, war ein Irrtum, das konnte nie geschehen.

Ein Jüngling von hünenhafter Gestalt, ein Sklaventreiber, der sie tagsüber antrieb, bohrte an jedem Abend nach ihrer Arbeit eine weitere Öffnung in den hölzernen Boden des Fasses, so wurden die Tage gezählt, auf Geheiß des Kaisers.

Saturnina, die Hinkende, spürte die Schläge der Peitsche am meisten. Ganz verschwitzt und erschöpft, in greller mittäglicher Hitze setzte sie einmal vor der Leiter bis zur Öffnung des riesigen Fasses ihren hohen Krug ab und blickte auf die Stufen der Leiter. Da hörte sie ihn von hinten näherkommen, gerade aber, als er die Peitsche zum Schlage erhob, drehte sie sich rasch um und schrie: „Sieh dort, der Kaiser, der Kaiser!“

Der Peiniger wandte sich in die Richtung um, in die sie schrie, und in diesem Moment riss sie ihm die Peitsche aus seiner Hand und warf sie in hohem Bogen in das Fass.

Als er sich wieder umwandte, ballte sich seine wuchtige Faust, dann stierte er sie erst fassungslos an, als verließe ihn einen Augenblick lang all seine Kraft, daraufhin starrte er sie erneut an und begann zu weinen. „Was hast du mir angetan?“, sagte er leise, fast verzweifelt.

„Du weißt, Mann, dass du dich mit jedem Schlag, den du mir angetan hast, mit mir verbunden hast“, sagte Saturnina.

Er schaute wieder auf, fast müde klang seine Stimme aus seinem kräftigen Körper: „Was sagst du da, Frau, du bist doch nur eine Gefangene und gewiss nicht mit mir verbunden, so wie ich mit meiner Mutter.“

„Ich bin nicht deine Mutter, aber ich könnte es sein. Und wie deine Mutter gewiss nicht auf dich einschlug, so brauchst du es bei mir auch nicht zu tun“, antwortete Saturnina.

„Aber ich habe doch den Befehl dazu, darf es aber nur bei euch tun, weil ihr schuldig seid.“

„Wessen haben wir uns denn schuldig gemacht?“, fragte Saturnina.

„Ihr habt den großen Brand gelegt, und ihr hasst die Menschen, das sagte man mir.“

„Sag mir, liebst du deine Mutter, und wo ist sie?“, fragte Saturnina ihn.

„Meine Mutter lebt, und deshalb liebe ich sie, aber sie gehört zu den Bedeutungslosen.“

„Kann sie denn wirklich bedeutungslos sein, wenn du der bist, den sie als Sohn liebt?“

„Nein“, sagte er, „wenn meine Liebe zu meiner Mutter Bedeutungslosigkeit aufzuheben vermag, dann bin ich mehr als ein Sklave.“

„Ja“, sagte Saturnia, „du bist jemand, der Bedeutungslosigkeit aufheben kann, wenn du du selbst bist. Aber sag mir, wo lebt deine Mutter?“

„Sie lebt in den Katakomben bei dem Haus in den Gräben“, antwortete er ihr.

„Weißt du, dass deine Mutter einst dem Blick eines Mörders standhielt, sodass er fliehen musste?“

„Was sagst du da?“, sagte er ganz überwältigt. „Du kennst meine liebe fromme Mutter?“

„Ja, ich kenne sie und es ist wahr, was ich dir sage. Auch deine Mutter ist gewiss nicht bedeutungslos, sie diente“, sagte Saturnina.

„Und wem diene ich, nach alledem?“, fragte er resigniert so wie sich selbst.

Saturnina schwieg, hielt ihm aber ihre Hand hin, die er annahm. „Verzeih mir, ich nahm dir die Peitsche. Bitte ...“, sagte sie gefasst; über ihr Gesicht rann Schweiß.

„Weißt du“, wie über sich selbst erschrocken, erwacht, stellte er fest: „Ich diene auch meiner starken Mutter, die einen Mörder in die Flucht schickte; dir, mit der ich mich verband, als ich immer wieder auf dich einschlug; mir selbst, dass ich mit meiner Liebe Bedeutungslosigkeit aufheben kann, und dem, der mir die Peitsche gab, die jetzt fort ist.“

Wirst du dir eine neue Peitsche dort holen, und wirst du sie bekommen?“, fragte Saturnina.

„Ja“, sagte der junge Sklaventreiber selbstsicher, „geben wird man mir eine neue Peitsche, nachdem meine erste nun fort ist, aber die Macht, die mir diese über euch gab, diese Macht ist endgültig gebrochen.“

117. Abschnitt

Donata betete. Sie konnte es nur in jenen Nächten, in denen sie nicht vor völliger Erschöpfung schlief. Übersät mit unendlich vielen Sternen waren jene Buchten aus Bimsstein und Ton, in denen zu verschiedenen Zeiten Inseln aufgetauchten und wieder versanken, zwischen ihrem Wachen und Träumen. Ausgangspunkte uralter Kultur, in der man nach strengen und schweren Rhythmen Tänze aufführte.

Sie sah sich innerlich als Kind, war dabei, im warmen Sand Scherben zu sammeln, und dann hörte sie, träumend, wieder die Stimme des Meddix: *Schreib, wenn du kannst, auf deine letzte Scherbe den Tag, den Namen, den Ort des Urteils, und wirf sie ins Meer, dass sie untergehe.*

Sie erwachte, ihre Gefährtinnen erwachten. Eine Kohorte Soldaten kam, die Gefangenen wieder abzuholen nach Rom. So ging die Danaidenarbeit zu Ende. Das über sie als Christen verhängte Urteil stand fest, und das war ein Tag, bevor die Neronia begannen. Auch die Gattin des Kaisers war in Rom.

118. Abschnitt

Damit niemand in falscher Kleidung das feierliche Bild störe, wenn der Kaiser auftrat, mit seinem großen Gedicht über den Trojanischen Krieg, begleitet von seiner Lyra und einem Chor, wurde der Wettbewerb in der Dichtkunst, Musik und im Gesang in die Neronischen Gärten gelegt. In der Säulenhalle der Saepta Julia fanden die Pferderennen statt.

An dem dritten Ort, wo fast ein Jahrhundert zuvor Löwen, Panther und Elefanten zur Schau gestellt worden waren – er war in gewisser Weise auch ein riesiger Tempel, denn tief im Inneren standen Altäre für die Gottheiten der Ehre, der Tugend und des Glücks –, hier, wo auch die großen Säulenräume waren, in der der römische Senat seine Sitzungen abhielt, war die *heilige Zone Roms.* In dem *Theater des Pompeius,* auch *Marmornes Theater* genannt. Mit seinen in drei halbkreisförmigen Reihen verlaufenden Zuschauertribünen mit über siebzehn Tausend Plätzen war es nach des Kaisers Plan im Jahr 65 nicht nur der Ort für die Gladiatorenkämpfe, dem Taurobolium, sondern auch für ein noch drittes Schauspiel. Auch der Durchmesser dieses Theaters von 160 Metern, mit seiner beträchtlichen Länge, von dorischen, ionischen, korinthischen Säulen getragenen Überdachung und jenem Säulengang, in dem einst *Julius Caesar* ermordet worden war, sowie seiner Thronbühne, die fünfundneunzig Meter maß, eignete sich dafür.

Hier wollte sich Nero, der Herrscher, dem Volk Roms allerdings nicht als Dichter zeigen, eher als richtender Rächer.

119. Abschnitt

Immer wieder klangen an den Tagen vor den Neriona die Trommeln und Cymbeln, wenn ein Edler, ein Gesandter mit seinem Gefolge in die Stadt einzog, eilfertige Sklaven sich ihm zu Füßen warfen und ihn zu den Empfängen brachten. Aus allen Provinzen des Imperium Romanum kamen sie.

So ganz anders die Soldaten, die die gefangenen Christinnen in einem Holzkarren und gefesselt in Rom einfuhren und sie zu den untersten Sockelräumen des *Marmornen Theaters* brachten, ihnen die Fesseln abnahmen und einsperrten.

Es war Nacht. Der Gang, der nur spärlich von Fackeln erleuchtet war, wurde von der Frau in dem schwarzschimmernden Gewand, die ihr Gesicht halb verbarg, begleitet von zwei Soldaten durchschritten. Sie kam, sich zu ergötzen an den klagenden Weibern.

„Habt ihr Rom angezündet?“, schrie sie schrill zu den hinter rostigen Gittern sitzenden fünf Frauen.

Donata stand auf, näherte sich ihr, ihr in die Augen schauend. „Nein“, sagte sie. „Ihr irrt.“

„Ich kann nicht irren“, sagte die Frau von sich überzeugt.

„Doch“, sagte Donata, „wenn ihr Lügen folgt.“

„Ich liebe die Göttin mit den unzähligen Mäulern, sie bewirkt so viel. Ihr etwa nicht? Oder habt ihr die Arbeit in der Sommerresidenz des Kaisers nicht zu Ende gebracht, das Fass also nicht gefüllt?“

„Nein“, sagte Donata, „das Wasser tränkte die von Dürre geplagte Erde, der Himmel verlangte es, die Erde mit Liebe zu durchdringen, und nach Liebe, nach lebensspendendem Nass, verlangte die Erde.“

„Was redest du?“, fuhr die Frau Donata giftig an.

„Ich rede, was wahr ist,“ sagte Donata.

„Aber ihr solltet das Fass füllen mit unendlich vielen Krügen.“

„Das haben wir“, antwortete Donata, „aber du warst es, die dem Sklaventreiber befahl, dessen Boden täglich mit Löchern zu durchbohren.“

„Du weißt doch gar nicht, wer ich bin“, stellte sie kalt und abweisend fest.

„Doch“, sagte Donata, „du bist *Poppaea Sabina*.“

Ja, ich bin die Gattin, doch mehr als die Hand des Kaisers ergötzt mich, was für euer Erlöschen ich ersann, bis ihr ohne Bewegung, ohne Geräusch erkaltet seid, denn es ist recht – und es ist mehr als recht –, dass ihr endlich strebt. Denn was ihr seid, ekelt an.“

„Ihr seid es, die glaubt, auszuteilen Leben und Tod, übersieht was ihr seid und der manche Realität entrinnt, Poppaea Sabina“, reagierte Donata, die des zweiten Gesichtes gegenwärtige. "Dabei tragt Ihr selbst Leben unter Eurem Herzen, auch es braucht Wasser und Liebe, sonst wird es verschollen sein, wie euer erstes Kind. Nicht jene gegenwärtige Schönheit erlangen können, wie sie Euch Eure Mutter mitgab?“

„Auszupeitschen versucht mich dies Wort, doch nur einen Augenblick, denn warum Christin, habe ich noch nie solches gedacht?“ „Dann tut es, jetzt …“, antwortete Donata verhalten.

Ein langes Schweigen zwischen ihnen trat ein, einem Hauch wesentlicher Einsamkeit gleich, in der Poppaea innehielt, ihr Haupt senkte und kurz ihre Augen schloss, weil Hass und Selbsthass ihr Herz lähmten. Jäh und gleißend sie Reue durchfuhr und für Momenten sich ihr die werdende Schönheit des Ungeborenen zeigte.

Sie hob dann ruhiger, wie geführt, ihr nach unten geneigtes Haupt wieder und auch die rechte Hand: wie um Einhalt zu gebieten, um wie gewandelt leise zu sprechen:

„Wer die Schönheit des Ungeboren gewahrt, vermag nicht mehr zu hassen. Ihr verwerfe euch nicht.

Eine scheiternde Illusion umarmte die Stadt, die eines Dämon an der Schwelle der den Wahn der Flamme herausgeschrien hat, unfähig ihn auszulöschen.

Ihr seid nicht die den Brand brachten, mir aber die Hand reichtet zu dem in die Tiefe geflohenen Schatten meines

Ungeborenen. Euch gehört Gnade nicht Tod."
Donata neigte nur ihr Haupt, sagte ihr, bevor sie wieder zurückging: „Poppaea Sabina, Ihr seid selbst eine Schutzflehende … und tragt schutzflehendes Leben in Euch."

120. Abschnitt

In den untersten Sockelräumen des *Marmornen Theaters* brachte das beginnende Tageslicht nur ahnungsweise seine Helligkeit.

Donata, Hilaria, Paulina, Rustica und Saturnina lagerten verteilt in dem Kerkerraum, dessen Gittertüren für sie geschlossen blieben. Sie sprachen vereinzelt, gemeinsam oder schwiegen. Sahen sich einander an, wie sie einander einst, als fremde Gesichter, trotzdem erkannten. Auch gab es Augenblicke, wenn sie sich ansahen wie mit noch fremderen Gesichtern wie ehemals. Das war, als nun vieles und so viel vorüberzog an ihren inneren Augen, so weit, bis auch diese Augen nichts mehr sahen als jenes merkwürdig stille Licht, das webte.

Doch als das Tageslicht zunahm und die Helligkeit mehr wurde, hörten sie, wie andere kamen und gingen, ihre Stimmen aus wieder anderen Räumen. Manche Sprache war dabei, die sie nicht genau verstanden, aber auch hörten sie das Schnaufen eines großen, getriebenen Tieres und das Wiehern von Pferden.

Irgendwann näherten sich zwei Stimmen, eine männliche, die andere weiblich, ihr Klang verhalten, aber deutlich.

Dann sahen sie den Soldaten mit fünf kleineren Karaffen, die Frau brachte einen Korb Obst. Niemand von ihnen erkannte sofort die kleinere Gestalt, die eine Kapuze über ihren Haaren trug, niemand den Soldaten, der den Kopf gesenkt hielt, als er die Gittertür aufschloss und die Karaffen abstellte.

Lucusta sagte nicht allzu laut: „Ihr seid beim Taurobolium, wenn der Kaiser erschienen ist. Es ist unendlich grausam, doch ich und dieser Soldat, der manche heroische Tat bestand, wir sind mit euch.“

Jetzt erkannten sie auch den Soldaten, es war Timotius.

Er ging zu Rustica und Paulina, breitete seine Arme aus und drückte sie. Erstaunt und verwirrt spürten sie, dies war die einzige, keine andere Geste konnte es sein, für das was er sagte: „ nichts wird sich verwirklicht haben, von dem Unmenschlichen, aber die unantastbare Würde, die allen, auch denen die einst Sklaven gebührt, ist bei den Sternen und bleibt.

Lucusta hielt Donatas Hände und sagte: „Dies, was in euch einzog in all den Jahren, gleich glitzernden Sternen, es wird euch dorthin ziehen“

Dann schaute sie alle an und sagte: Ihr bald gewahr werden werdet, was nie auslöschen wird, selbst wenn eure Körper nur noch Schatten.

Ja, sie ahnten an diesem Ort des Überganges ihren Übergang. Es ging um das gute innere Land. Sie hatten gelernt von Josef, dem Richter, Maria der Namenlosen, von Petrus, von Paulus, jede in ihrer Art, hatten es verinnerlicht, dort zu bleiben, obwohl sie wussten, sie würden bald gehen. Denn das, was äußerlich kam, war grausam, würde sein, wie Lucusta es ihnen prophezeite. Gleich einer stillstehenden Waage stand die Gewissheit der Angst, der ihres Glaubens gegenüber. So verging noch ein wenig Zeit.

121. Abschnitt

Lucusta, die Gift- und Heilkundige, hatte die Szene bei den Taurobolium schon oft erlebt – als die Tiere ihre letzten zuckenden Bewegungen machten, bevor sie die Augen schlossen und eine Schleifspur roten Blutes auf dem staubigen Boden blieb, wenn der Reiter das tote Tier aus der Arena zog. Sie selbst hatte die Rituale der Schlachtung, wie eine heilige Handlung den Göttern geweiht, oft durchgeführt, damit anschließend die, die es wollten, die Bluttaufe erhielten.

Diesmal aber sollte es keine Bluttaufe geben, so wurde es ihr befohlen. Der Kaiser wollte es anders, wenn er denn erschiene.

So sagte es auch der Konsul, der die Spiele im Marmornen Theater an diesem Tag eröffnete, und man wartete auf den Kaiser.

Alle Tribünen waren vom Volk besetzt, und als der eine Fanfarenstoß zur Eröffnung erscholl, brach ein großer Jubel aus. Die Throntribüne war von den Herrschern, Gesandten und deren Bediensteten besetzt, die ihre Gunst und das Gold ihrer Tempel Nero zollten.

122. Abschnitt

Nero stand noch in seinem Gemach, sah das Blut auf seinem goldverwobenen Gewand. Nicht sein Blut war es, aber das derjenigen, die vor ihm, noch mit abwehrender Geste, auf dem marmornen Boden lag.

Auf seinem Haupt der Ehrenkranz war verrutscht, während seine Hände die Ohren schützten, vor der grell eindringlich ihn auf heftigste Weise angreifenden Stimme, ihrem Nachklang und dem Sinn ihrer wirren Worte. Gesagt, nein, geschrien hatte sie: Das Herrscherhaus, die Senatoren, die Aristokratie, sie alle wären entsetzt. Er als Kaiser mache sich zum Gespött des Pöbels, trüge er seine Dichtung vor. Die Staatsgäste verlören jeden Glauben an ihn als Imperator des römischen Reiches. Aber in ihrem Leib, unter ihrem Herzen, sei der nächste Herrscher auf dem Weg. … und dann, zuletzt. Zuletzt flehte sie um Begnadigung der Christinnen, die jetzt im *Marmornen Theater* auf ihren Tod warteten. Nie hätten sie den großen Brand gelegt.“

Erst ein lautloses Auflachen, dann von taumelndem Wahn besetzt, setzte er hemmungslos, peitschend in atemlosen Takt seine Schläge und Tritte gegen die Schwangere. Bis Poppaea Sabina, Gattin des römischen Kaisers, blutig vom Tod überschattet war. Das war der Beginn der Neronischen Spiele im Jahr 65 in Rom.

Das ungeborene Kind im Herzen Poppaea Sabinas hatte deren Herzschlag gespürt, nie aber die Erde berührt. Es kehrte zurück in die Welt, aus der es kam, in das Pantheon, den seelenlichterfüllten Gottesraum. Poppaea Sabina kehrte auch zurück in diese Welt. Nachdem sie die andere Welt, in die sie hineingeboren worden war und in der sie dreiunddreißig Jahre gelebt hatte, verlassen hatte.

Auch hier wurde sie empfangen, aber nicht als Kaisergattin Roms, nicht von Dienerinnen, in keinem marmornen Palast, nicht als die schönste Frau ihrer Zeit, nicht einmal als Poppaea. In dieser Welt waren manche Namen bedeutungslos. Was sie umgab, war einzig ihr ehemals inneres seelisches Land.

Wie eine ganz einzelne ausgebleichte Rose, die übersät war mit welkenden Flecken, trat sie dort ein. Niemand sprach zu ihr. Wer auch? Es sei denn, sie zu sich selbst, doch es fehlte die Sprache. Die Art dieser Welt war stumm und still. Die Stille war dunkel, bekam aber, indem sie sich dehnte, Lichtränder und begann, sich langsam zu zeigen. Sie selbst jedoch bewegte sich nicht.

Was diese Welt als Zweitletztes zeigte, war der lichte Entschluss, der Welt, die sie verlassen hatte, zu helfen, sich einzusetzen für die, mit denen sie im Verlies des Marmornen Palastes gesprochen und manch anderen, denen sie unrecht getan hatte. Wie eine unnachgiebig unauslöschliche zukünftige Signatur hatte sich dieser Entschluss eingeprägt in die innere Landschaft, die sie jetzt als ihre einzige äußere Welt umgab.

Der Landschaft eigen waren einzelne Erinnerungen an ihren Körper, dessen Schönheit. Nur noch Schemen, graue Schemen waren es, derer sie sich erinnerte, von ihrem gewaltsam zerstörten Leib in der anderen Welt … Läge er auch bald in einem vergoldeten Sarkophag. Selbst diese Erinnerung verging, und in ihrer Landschaft zeigte die Dunkelheit mehr und mehr Schattierungen, auch diese wie eingeprägt –so auch ihre gleichgültigen Gedanken und die Macht gegenüber denen, dir ihr einst dienten, all das Verlangen ihrer Sinne und alle verflossenen Lebensgefühle, wie eine von leidenschaftlichem Rausch und Nebel überzogene Landschaft.

Irgendwann, von den lichten Rändern ihrer sonst dämmernden Landschaft, die sie nur ansehen konnte, erfolgte dann ein wortloser Ruf, und ihr wirklicher Name erklang.

123. Abschnitt

Begleitet vom Flamen kam Tigellinus. Aufgebracht zornig stand er vor den gefangenen Frauen, durch das Gitter getrennt. „Kniet nieder!“, fuhr er sie an.

„Nein, vor Euch nicht“, sagte Donata entschlossen.

Er stutzte und fuhr sie spöttisch an: „Um Begnadigung bitten, dem Kaiser aber trotzend, flehtet ihr seine Gattin an. Zu deutlich war uns aber des Kaisers düsteres Lachen, er, er nimmt nicht den Tod von euch Christen.“ „Ihr irrt, Präfekt“, sagte Donata. „Die Kaisergattin suchte uns auf. Sie selbst erkannte bei sich. Nicht wir baten um Begnadigung.“

„Ihr gebt nicht zu, die Gattin des Kaisers bekehrt zu haben, ihr seid also heuchlerische Christen?“, fragte er lauernd.

„Du beschuldigst uns der Brandstiftung und des Hasses auf das Menschengeschlecht, nicht weil wir Christen sind. Die Kaisergattin kam nachts, sich zu ergötzen an unserer Not, und erkannte, dass sie Schutzbefohlenes in sich trug, das machte sie sehend. Ihr beide aber seid blind vor Angst“, antwortete Donata.

„Ihr habt endgültig jenen Schutz verschleudert, der über allen unseren Abgründen schwebenden Götterzeichen“, schrie mit himmelwärts gewandten Blick der Flamen. „Allen die das innere Licht tragen und es wahren, sind seinem Schutz gewiss“, widersprach Hilaria.

„Dieses Licht scheitert!“, reagierte er mit zur Drohung umschlossenen Faust. „Wir folgen, der leuchtenden Flamme der Macht und deren Auserwählten, dem Kaiser und deren Gattin, die leider tot ist. Der Kaiser wird trauern, wir auch, aber euch wird er dafür …“Da erscholl unerwartet, unüberhörbar laut die dreifache Fanfare; er und der Präfekt wandten sich augenblicklich ab, eilten davon. Der Kaiser hatte das *Theater des Pompeius* betreten, und von allen Rängen erscholl lauter Jubel. Wundervoll helle Tücher und Fahnen in unzähligen Farben begleiteten seinen Einzug.

124. Abschnitt

Durch einen Herold mit mächtiger Stimme und vorn auf der Throntribüne stehend, ließ der Kaiser verkünden: Vieles werde erneuert in üppigen Glanz nach dem neuntägigen Brand, und die, die blind wären, nicht den Mächten des Lebens und den Göttern vertrauen, sich entzögen und nur unfähig von dem nahen Leuchten eines neuen Tages träumten, aber gefährlich seien wie sich aufwärts schlängelnde Schlangen, die wären die Schuldigen an dem großen Brand und sie sind gefasst.Es seien Christen, die die Götter nicht ehrten, und deren Urteil werde jetzt vor aller Augen vollzogen. Er, der die hellenische Kultur verehre, habe gemäß den römisch-hellenischen Gebräuchen und Mythen das Schicksal der *Dirke* als Vorbild genommen. Diese überaus gewalttätigen und dem gefährlichen Irrglaube anhängenden, uneinsichtigen Brandstifterinnen würden so gerichtet. Die männlichen Christen dagegen würden verbrannt. Dies gelte allen als Warnung, die sich dem Irrglauben anschlössen.

Frenetischer Jubel, weit, weit über das *Marmorne Theater* hinaus, erscholl, und als dieser langsam nachließ, setzte der hundertstimmige Chor ein.

In diesen Momenten wurden zuerst Donata, dann Hilaria, Saturnina, Rustica und Paulina begleitet von je einem Soldaten, der ihnen am Ende des Ganges die schwarze Augenbinde und die Handfessel abnahm, zum Eingang der Arena geführt. Für diesem einem Moment waren sie frei.

Als die Massen sie erblickten, schrien sie „Tötet sie, tötet sie!“ Dieser grell und laut aufschreiende geballte Hass, der ihnen entgegenschallte, ließ sie wanken.

Donate sah wie sich dann, flach und wütend, der aufgewirbelte Sturm über die stumpfe, bleiche Gleichmut des Bodens vor ihr und jede von ihnen legte, an dieser Schwelle.

Da brach es erneut über sie und übertönte den Gesang des Chores: tötet sie, tötet …

Von der Throntribüne aus, auf der kaiserlichen Liege ruhend, nahm Nero wohlgefällig des Pöbels erregte lebensentreißende Forderung auf. Irgendwie fühlte er sich an etwas erinnert. Hatte er nicht vor zwei Stunden der schönsten Frau seiner Zeit, lebend in ihr Angesicht gesehen? Sie war tot, und er hatte niemand, der auf dem mächtigen Thron ihm nachfolgen konnte.

Dem Geschrei überdrüssig hob er nur seine Hand und es wurde ruhig.

Dann trat der Herold vor, es allen zu verkünden: Das Poppaea Sabina, des Kaisers Gattin, die ein göttliches Kind trug, an ihrer Schwangerschaft verstorben sei.

Wenn es vorher ruhig war, wurde es jetzt ganz still. Nur eine, eine einzige Stimme aus dem Chor setzte ein. Donata blickte weit über die Arena hinaus, lauschte dem bleiernen, seufzenden Klang über dem Marmornen Theater, in den zögernd erlöschenden, erhabenen aufflammenden Abendhimmel.

Nero, ganz in kaiserlichen Gewand das majestätische

Zepter in seiner Hand leuchtend, erhob sich, richtete entfernt seinen starren Blick ihnen zugewandt, verharrte, lächelte spöttisch, um dann entschlossen das Zepter zu senken. Es begann.

125. Abschnitt

Ein letztes Mal sahen die Frauen einander an, bis Donata sich fasste und in unantastbarer, stiller Würde ihnen voran die Arena betrat.

Nicht weit, … denn wie Schatten standen neben jeder von ihnen, und legten ihnen erneut eine Augenbinde an, je zwei Soldaten und führten sie weiter zu dem Platz, wo auch ein mächtiger Stier, noch von Sklaven gehalten in die Arena geführt worden war. Jeder wurde ein bluttriefendes Fell übergeworfen.

Das, was geschah, hatte mit der Art des griechisch dirceischen Tauroboliums in römischer Art zu tun, jenem, das nach den Bräuchen den Frauen vorbehalten war und einem Ritual folgte.

Auf dem sehnigen Nacken des schwarzfelligen Tieres war ein hölzernes mit Ösen durchbohrtes Arbeitsgeschirr mit fünf durchgezogenen Stricken angelegt deren Enden den Frauen als Handfessel angelegt wurden.

Das kraftstrotzende Tier bemerkte unruhig die hastigen Bewegungen, roch die vibrierende Angst derer, die nichts sehen konnten, nah um seinen Körper herum. Ein Reiter preschte seitwärts heran, in seiner umschlossenen Faust eine kurze Lanze, und rammte sie so tief in den Rücken des Tieres, dass es blutete.

Wie hereingeschleudert rasten mehrere kläffende bissige

Hunde von einem anderen Zugang der Arena auf es zu und trieben es zur unaufhaltsamen Flucht durch die Weite der Arena an. Dabei riss der angegriffene wutschnaubend verletzte Stier die Frauen mit sich.

Auf das mit donnerndem Hufschlag fliehende sich wehrende wilde Tier, dem man nachsagte, schon Pferde sowie ungezählte Hunde durch seine massige Stärke und der Wendigkeit seiner kräftigen langen Hörner durchbohrt zu haben, begann eine brutale Tierhatz.

Von immer mehr aufwirbelndem Staub umgeben und von allen Seiten angegriffen, wurden das Tier und die von ihm mitgerissenen Frauen in ihren blutgetränkt zerbissenen Fellen und Runde um Runde durch die Arena getrieben. Mit der siebenten endete die Hatz. Der Reiter versetzte dem Stier den einen tödlichen Lanzenstich.

Das tönende Jubeln, das blanke Entsetzen der Rufe, von den höchsten bis zu den untersten Reihen der sich tief hinunterziehenden Arena brach ab.

Die Frauen verloren zu Tode geschleift ihre Leben. Fanfaren erklangen, brachen das weithin erstarrte Schweigen, der Kaiser verließ das Theater des Pompeius.

126. Abschnitt

Lucusta, Timotius und einige andere hatten diesem Geschehen entsetzt zugesehen, jetzt eilten sie an den Rand der Arena, durchschnitten die Handfesseln der Opfer an dem Arbeitsgeschirr des getöteten Stieres und trugen eine nach der anderen in die Sockelräume. Hilaria, Saturnina, Rustica und Paulina fanden sie tot.

Sie vermochten das Entsetzen, das sie befiel, als sie deren

verstümmelten Zustand sahen, nicht zu beschreiben. Beinahe jeder Zentimeter der Haut war zerrissen, ihre Füße, die Schenkel, Arme, Beine und ihr Rücken waren offen und aufgerissen, die Haut hing in Fetzen herab. Die Nägel hatten sich abgelöst oder hingen auf dem Handrücken. Niemals zuvor hatten sie ein solches Bild voll entsetzlichen elenden Schmerzes gesehen, wie es diese Frauen boten, es hatten ertragen müssen, bis sie starben.

Lucusta kniete bei Donata, hielt deren blutend noch warmen Hände in ihren. Sah den überaus schönen Glanz ihrer Augen, die sich ein letztes Mal wie ein flammender Widerhall öffneten und lauschte ihren zerbrechenden letzten Worten: „...durchscheinend, kam es das Licht, für alle und alles im Kreise des Seins“.

Aquila Pudens, Timotius, Lucus und Lucusta, legten sie auf Tragen, wickelten die Leichname ein in Tücher und brachten sie mit einem Eselgespann zu der Katakombe die im Esquillin Roms begann.

127. Abschnitt

Der Vorstellung *Poppaea Sabinas* geschuldet, ihrer pompeianischen Herkunft und Tradition, war, dass der Tod eines Mannes an einem steilen Hang bergauf erfolgen sollte, was auch geschah, denn die Neronischen Gärten lagen auf einer Art Hochplateau.

An dem Abend dieser ersten und letzten Neronischen Spiele in Rom, nachdem Nero das *Epos des Trojanischen Krieges* rezitiert hatte, Befremdung die geladenen Gäste erfasst hatte oder Belustigung, die noch nicht überwog, nachdem endlich der Ehrenkranz aller Dichter sein Haupt zierte, gaben sie sich alle dem von Trommeln und Zimbeln begleiteten, heiteren Fest hin.

Vom Wein trunken, verkümmert in träger Faulheit, der Schönheit einer anderen Person oder der Besorgnis um die eigene hingegeben, die vielen Sänftenträger und Sklaven dabei, waren sie bald ihrer Begierde, ihrer Lust nicht mehr mächtig. Nur zur Belustigung dieser auserwählten kaiserlichen Gäste, es wurde fast Nacht, und als besonders nervenkitzelndes Schauspiel diente das, was folgte.

Und so wurden vier Männer, es waren von Claudia Acte freigesprochene Sklaven und Christen, vor deren Augen langsam fast zu Tode gequält, ihnen Felle übergezogen, diese mit viel Pech und Naphtha getränkt, sie dann fest an hohe Pfähle gebunden, die eingerammt an dem steilen Hang des Gartens standen, und angesteckt. Leuchtende Fackeln inmitten der sommerlich warmen Nacht. So endete der zweite Märtyrertod, mit ihm die Neronischen Spiele.

128. Abschnitt

Im Zwielicht, beim ersten Dämmern des neuen Tages, waren es Aquila Pudens, Timotius und Lucus, die wortlos durch die Neronischen Gärten gingen.

In den Lustlauben lagen noch die vom Wein trunkenen kaiserlichen Gäste, wie abgelegte, ihrem Rausch erlegene, schlafende Hüllen. Sie sahen durch sie hindurch, kamen, um anderes zu tun. Dann standen sie vor den verbrannten Opfern an den angekokelten Pfählen.

Sie befreiten diese von den mit Pech und Naphtha getränkten Fellreste und sammelten ihr ausgeflossenes Blut in Schwämmen. Einen nach dem anderen nahmen sie sorgsam ab, trugen dann deren leiblichen Überreste dorthin, wo auch Donata und ihre Gefährtinnen waren.

Es war ein warmes, helles, fast scheues erstes Morgenlicht. Sein feines Lichtesweben umgab den Eingang zu den Katakomben im Esquillin. Auch die, die da waren, waren still.

Wie als würden diese Seelen der zu Tode geschundenen leiblichen Hüllen, die in einfachen Sarkophagen aufgebettet waren, ihnen eine Bestätigung geben wollen für das, was geschehen war und das zu erwerben sie dabei waren.

Bis zuletzt gegenwärtig waren sie, bevor sie so ihre leiblichen Hüllen verloren. Wie anders aber, als es Poppaea Sabina möglich war, zog sie dieses äußerlich nicht gegenwärtige Licht an. Es umgab sie, war ihr ehemals inneres, seelisches Land.

Die Lichtesfarben von dem, was sie einst in der von ihnen verlassenen Welt gedacht, gelitten und getan hatten, zeigten sich, heller, inniglicher, wahrheitserhaltender. Orientierend waren sie getaucht in ihr silbriges, erstes empfindendes Verstehen, das sie sich erlangt hatten, aus jener Zeit, wo des Logos' Licht und Wärme die Erde berührten.

Aquila Pudens sprach es so aus:

„Donata, Hilaria, Saturnina, Rustica und Paulina, sie ahnten, was im Jahr 33 eigentlich begonnen hatte und nicht endete, auch wenn es manchmal so scheint: das gute innere Land, dessen unvergängliche Bedeutung für das Heimatrecht in der Sphäre des immer gegenwärtigen Lebens für alle und alles im Kreise des Seins und das Unaussprechliche der Unverborgenheit des Herrn."

-.-

Über den Autor

Thale Lind, am literarischen Schreiben seit seiner Jugend interessiert, absolvierte ein Studium an der Cornelia Goethe Akademie, Frankfurt. Er schreibt in den Literaturgattungen: Essays, Lyrik, Prosa (Kurzerzählungen) und verfasst historische Romane. Aufgewachsen und studiert in Düsseldorf, lebt er heute in der Nähe von Osnabrück. In langer beruflicher Tätigkeit arbeitete er in psychosozial fordernden Tätigkeitsfeldern, was seinen Sinn für kollektive Zusammenhänge und stillen, tragischen oder scheinbar unbedeutenden Lebensverläufen schärfte.

Quellenverzeichnis

Der Ursprung dieser Fabel (historischen Erzählung) ist eine Eintragung in dem **Ökumenischen Heiligenlexion** der deutschen Nationalbibliothek (http://d-nb.info/968828497), in der es heißt:

Donata erlitt zusammen mit Paulina, Rogata (auch: Rustica), Saturnina und Hilaria das Martyrium. Das war im 1. Jahrhundert in Rom. Eine Leidensgeschichte gibt es nicht.
Ihr Grab war im Coemetrium Iordanorum – heute die Katakomben der Giordani – an der Via Salaria (Rom). Deren kirchlicher Gedenktag ist der 31.Dezember.

Der Hinweis, dass es von diesen Märtyrinnen keine Leidensgeschichte gibt, erklärt sich unter anderem aus der Tatsache, dass kirchengeschichtlich erst ab dem 2/3.Jh. n. Chr in Rom begonnen wurde, Märtyrergeschichten aus der Frühzeit des Christentums aufzuzeichnen. Darüber hinaus ist davon auszugehen, dass möglicherweise aufgezeichnete Ereignisse aus diesem 1. Jh. n. Chr. durch die zeitlichen Wirren, Regenschaften und Brände, die die Geschichte dieser Stadt zeichneten, verloren gingen oder vernichtet wurden.

Die hier gemeinte **Donata** ist nicht identisch mit der gleichnamigen Donata, die am 17. Juli 180 n. Chr. an einem unidentifizierten Ort in der Gegend um Hippo, heute Annaba in Algerien, das Märtyrium erlitt.

Quelle: **Ökumenisches Heiligenlexion,**

Haarmann- Lexikon der untergegangenen Völker, Verlag C.H. Beck, insbesondere für die fiktionale Herkunftsbeschreibung dreier der Hauptfiguren Donata, Hilaria und Saturnina.

Außerbiblisches und Biblisches Zeitenregister zur Geschichte des Alten und neuen Bundes, in der *Gesamtausgabe der Heiligen Schrift*, 1982, S. 1442–1445, Verlag C.H. Beck.

Oberhänsl-Widmer: Auslegungskultur als Lebensweg des talmudischen Lebensweges, in Reinhard (Hrsg.): Sakrale Textc, Verlag C.H. Beck, S. 27–67.

Sekundärliteratur aus der deutschen Wikipedia

Personen

- Saulus von Tarsus – Apostel Paulus
- Josef von Arimathäa, Aquila Pudens Pudentius,
- Aeneas, 50 Danaiden,
- Claudia Acte,
- Poppaea Sabina,
- Abbildung: https://commons.wikimedia dann Abbildung der Dirke (Dirce) Wikimedia Commons File: Zetoyanfion.jpg. aus 2017
- Liste der jüdischen Hohepriester in herodianischer Zeit,
- Publius Licinius Crassus,
- Tiberius Claudius Caesar Augustus Germanicus (Kaiser),

- Nero Claudius Caesar Augustus Germinanicus,
- Lucius Annaeus Seneca

Sowie: kurze Geschichte der römischen Zweige der Familie Pudens auf http://sieland-online.de

Historische Artikel

Tabula Bantia (Beschreibung), römische Geschichte Prinzipat (Römische Kaiserzeit), Geschichte der Medizin (Rom), Katakomben in Rom, Neronia, Circus Maximus, Saepta Julia, Theater des Pompejus, römisch-griechisches Taurobolium, antike Blutsopfer, Neronische Christenverfolgung, Bacchanalienskandal, Priscilla-Katakomben, Beschreibung Welt der Goetter, römische Götter

Religionsgeschichtliche Literatur

- Liste der Hohepriester, Hohepriester (Lexikon Bibelwissenschaft vom Artikel Knut Backhaus), Apostelkonzil (Darstellung von Klaus-Michael Bull)
- bibelwissenschaft.de: Gemeinden des Urchristentums
- bibelwissenschaft.de: Geschichte des Urchristentums
- imperium-romanum.de: Sibyllinische Bücher